ΤΟ ΑΛΦΑΒΗΤΑΡΙ ΤΟΥ ΔΙΑΒΟΛΟΥ[1]

ΤΟ

ΤΟΥ

ΑΜΠΡΟΟΥΖ ΜΠΗΡΣ

Εικονογράφηση
RALPH STEADMAN

Εισαγωγή Angus Calder
Μετάφραση-Επιμέλεια Γιώργος Μπλάνας

Τρίτη έκδοση: Νοέμβριος 2004

ΕΚΔΟΣΕΙΣ ΗΛΕΚΤΡΑ
Συγγρού 223 & Τράλλεων 2, Νέα Σμύρνη, 171 21 Αθήνα
τηλ: 210-9376000
e-mail: info@electrabooks.com
www.electrabooks.com

ISBN: 960-88119-9-6

ΠΕΡΙΕΧΟΜΕΝΑ

ΠΡΟΛΟΓΟΣ

Οι αναγνώστες που γνωρίζουν πως έχω την κακή συνήθεια να γράφω ποιήματα, χωρίς να σέβομαι – ως όφειλα – τα πάνσοφα προγονικά μας μέτρα και τις ιερές ομοιοκαταληξίες μας, καθώς επίσης και να πραγματοποιώ μεταφράσεις χωρίς τον απαραίτητο σεβασμό στο υπερούσιο γράμμα του πρωτοτύπου, δε θα εκπλαγούν ίσως παίρνοντας στα χέρια τους το τομίδιο αυτό με τα απερίγραπτα εκτρώματα του Αμερικανού Αμπρόουζ Μπηρς [Ambrose Gwynnett Bierce, 1842-1913;]. Αγροίκος, αγράμματος άνθρωπος υπήρξε ο συγγραφέας του Αλφαβηταρίου του Διαβόλου [The Devil's Dictionary]· αγροίκος και αγράμματος άνθρωπος είμαι κι εγώ. Γι' αυτό, οι υπεύθυνοι των εκδόσεων «Ηλέκτρα» μου ενέθεσαν τη μετάφραση. Γνώριζαν οπωσδήποτε πως για να διεκπεραιώσει κάποιος επιτυχώς τη μετάφραση ενός ανοσιουργήματος δε θα πρέπει να σέβεται τίποτε. Και είχαν δίκιο. Ήδη από τη μετάφραση του τίτλου, φάνηκαν οι διαθέσεις μου. Η σωστή μετάφραση, αυτή που θα έκανε τον τίτλο κατάλληλα αδιάφορο έως και ανούσιο, είναι «Το Λεξικό του Διαβόλου». Αντίθετα με κάθε λογική, θεώρησα πως το εν λόγω έργο είναι κάτι περισσότερο από ένα λεξικό, είναι ένα εγχειρίδιο κακόβουλης αντιστροφής των ιερών αξιών οι οποίες μας οδήγησαν στην οικοδόμηση του δίκαιου, ειρηνικού και λογικού κόσμου που ζούμε. Παραλογιζόμενος λοιπόν αποφάσισα να καταστρέψω το έργο, μεταφράζοντας λάθος τον τίτλο του. Είναι γνωστό βέβαια πως δεν γνωρίζω την αγγλική. Επί σειρά ετών προσποιούμαι πως την γνωρίζω – όπως άλλωστε και πολλά άλλα πράγματα – εξαπατώντας τους πανέξυπνους εκδότες και εν γένει πνευματικούς ανθρώπους μας, οι οποίοι φοβούμενοι τις σχέσεις μου με το διάβολο είναι αναγκασμένοι να μου αναθέτουν εργασίες και να τις κρίνουν ύστερα θετικά. Ποια καλύτερη ευκαιρία θα μπορούσα να έχω από την παρούσα εργασία;

Πανευτυχής τώρα, την παραδίδω στους αναγνώστες, ελπίζοντας πως η φαρμακερή σκέψη του Μπηρς θα καταφέρει – και με δική μου ευθύνη – να διαφθείρει την ελληνική νεολαία. Ελπίζω πως με συστηματική μελέτη, σε λίγες δεκαετίες, η ισχυρή, σωστά οργανωμένη και κοινωνικά δίκαια χώρα μας θα εξοκείλει σε ένα εκτρωματικό κρατικό μόρφωμα. Οι πολιτικοί άνδρες θ' αρχίσουν να ενδιαφέρονται μόνο για το προσωπικό συμφέρον τους, θα παραπλανούν τους ψηφοφόρους, οι οποίοι με τη σειρά τους θα αυθαιρετούν καθημερινά. Η εκπαίδευση θα διαλυθεί και τα παγκοσμίως γνωστά πανεπιστήμιά μας θα χάσουν την πνευματική ισχύ τους. Τα νοσοκομεία μας – τα οποία προτιμούν άνθρωποι απ' όλο τον κόσμο – θα καταντήσουν κολαστήρια. Οι δημόσιες υπηρεσίες μας, οι οποίες είναι σήμερα πρότυπο για κάθε πολιτισμένο κράτος – θα γίνουν φωλιές ανεύθυνων κερδοσκόπων. Οι κληρικοί μας, οι οποίοι ζουν σήμερα μια ζωή λιτή, βαθύτατα πνευματική, αποκλειστικά αφιερωμένη στο Θεό, θ' αρχίσουν να αναμειγνύονται στην πολιτική, να πραγματοποιούν αγοραπωλησίες αξιωμάτων και να βρίζονται χυδαία με κάθε ευκαιρία.

«Μα» θα πει ο ορθώς σκεπτόμενος παλιάνθρωπος, «είναι δυνατόν ένα βιβλίο να κάνει τόσο κακό σε μιαν ολόκληρη χώρα;» Η απάντηση είναι: «Μπορεί, αρκεί να λέει την αλήθεια!»

Διαφθαρείτε ελεύθερα λοιπόν! Τι έχουμε να χάσουμε;

ΓΙΩΡΓΟΣ ΜΠΛΑΝΑΣ

ΕΚΔΟΤΙΚΟ ΣΗΜΕΙΩΜΑ

Τόσο η φύση του κειμένου όσο και η φύση της εικονογράφησης, επέβαλαν ορισμένες μετατροπές στην αγγλική έκδοση που αποτέλεσε τη βάση της αναχείρας ελληνικής [Ambrose Bierce, “The Devil’s Dictionary”, Intr. Angus Calder, Illus. Ralph Steadman. Bloomsbury Publishing Plc, London, 2003], ώστε να μπορέσει ο αναγνώστης να απολαύσει απρόσκοπτα τη γλώσσα του Μπηρς και το πενάκι του εικονογράφου. Η παράθεση των λημμάτων έγινε με αλφαβητική σειρά, όπως και στο πρωτότυπο, αλλά σύμφωνα με το ελληνικό αλφάβητο. Ο γραμματικός και ετυμολογικός προσδιορισμός των λέξεων προσαρμόστηκε στα ελληνικά δεδομένα. Οι πραγματολογικές αντιστοιχίες, κατά τη γλωσσική μεταφορά, παρέμειναν ανέπαφες, εκτός από ελάχιστες περιπτώσεις. Η εικονογράφηση, αν εξαιρέσουμε την πρόσθεση των γραμμάτων που δεν διαθέτει το αγγλικό αλφάβητο, παρέμειναν ως έχουν στην αγγλική έκδοση. Φυσικά, άλλαξε η σειρά τους και προστέθηκαν λεζάντες που παραπέμπουν στο ανάλογο λήμμα. Επίσης, το βιβλίο πλουτίστηκε με ενδιαφέροντα στοιχεία, όπως αναλυτικές σημειώσεις, ένα κείμενο για το ζήτημα του μυστηριώδους θανάτου του συγγραφέα, μια από τις τελευταίες επιστολές του και βασική βιβλιογραφία. Τέλος, την αναπροσαρμγή του τίτλου του εξωφύλλου και ορισμένων γραμμάτων στις εσωτερικές σελίδες και στα σκίτσα, για τις ανάγκες της ελληνικής έκδοσης, φιλοτέχνησε η ζωγράφος Άννα Λέκκα.

Ambrose BIERCE
ANON

ΕΙΣΑΓΩΓΗ
Angus Calder

Ο Αμπρόουζ Μπηρς [Ambrose Gwynnett Bierce, 1842-1913;] απεχθανόταν το ρεαλισμό. Στο Αλφαβητάρι του Διαβόλου τον όρισε ως «την τέχνη να αναπαριστάς τη φύση, όπως την βλέπουν οι βάτραχοι... ή ένα διήγημα γραμμένο από κάμπια». Έστω, λοιπόν, πως η ζωή του ήταν μυθιστόρημα. Θα πίστευε άραγε κανείς πως η αρχή και το τέλος του διαθέτουν τον παραμικρό «ρεαλισμό»; Πόσο αληθοφανές είναι αυτό το εντελώς παράδοξο όνομα «Αμπρόουζ Γκουίνετ»; Είναι δυνατόν ένας από τους πιο γνωστούς Αμερικανούς λογοτέχνες, ένα από τα διασημότερα πρόσωπα της εποχής του, να χαθεί στα καλά καθούμενα, σαν ν' άνοιξε η γη και να τον κατάπιε, μόνο και μόνο επειδή πετάχτηκε μέχρι το επαναστατημένο Μεξικό για να δει τις μάχες;

Για να πούμε τα πράγματα με το καθημερινό όνομά τους, φαίνεται να υπάρχει μια θεμελιώδης αντίφαση ανάμεσα στην προσωπικότητα που αναδεικνύουν τα δημοσιογραφικά κείμενά του – τον κυνικό μισάνθρωπο και ατίθασο μισογύνη, τον απογοητευμένο από τους κάθε λογής πολιτικούς και τους «ισμούς» τους, τον ορκισμένο εχθρό όλων των θρησκειών και των παπάδων κάθε γνωστής ή πιθανής λατρείας, τον φαρμακερό υβριστή των συγγραφέων που θεωρούσε κακούς, όσο διάσημοι ή άσημοι κι αν ήταν – ανάμεσα σ' αυτή την προσωπικότητα κι εκείνη που προβάλλουν οι ιδιαίτερα περιποιητικοί βιογράφοι του. Το μελαγχολικό προσωπείο που φοράει ο Μπηρς του Αλφαβηταρίου δεν είναι παρά η μάσκα ενός πολύ πληγωμένου ανθρώπου.

Παρόλο που αργά ή γρήγορα τσακωνόταν με τους φίλους του, είχε πάντα πολλούς, ώστε να κάνει ελεύθερα τις επιλογές του. Ίσως επειδή οι γυναίκες νόμιζαν πως ξέρουν ότι η απέχθειά του για το φύλο τους δεν ήταν παρά θεατρινισμός, δεν ήταν λίγες εκείνες – ιδίως νέες συγγραφείς – που κατέφευγαν για συμβουλές στον «Δρ. Τζόνσον» του Σαν Φρανσίσκο, στον κριτικό της Δυτικής Ακτής. Τις δεχόταν πάντα με καρτερική ευγένεια και τις βοηθούσε όσο μπορούσε. Όπως και να 'χει, ο «Πικρόχολος Μπηρς», ο πιο «Μοχθηρός Άνθρωπος του Σαν Φρανσίσκο», κατάφερε να επιβιώσει στο εκτυφλωτικό λυκόφως της φήμης, διαγράφοντας μια μεγάλη δημοσιογραφική τροχιά, στη διάρκεια της οποίας περιέλαβε για τα καλά, με το πνευματώδες χιούμορ και το σαρκασμό του – που βούιξαν απ' άκρη σ' άκρη στην Αμερική, πριν περάσουν τον Ατλαντικό - συναδέλφους συγγραφείς, διάσημους όπως ο Χένρυ Τζέιμς [Henry James, 1843-1916] και ο Στήβεν Κρέιν [Stephen Crane, 1871-1900], Μασόνους, υπερβολικά πλούσιους καπιταλιστές, ορισμένους Προέδρους κι ακόμη-ακόμη άσημους ιεροκήρυκες, ενεργητικότατους τοπικούς άρχοντες και αδέξιους στιχοπλόκους.

Είναι αδύνατον να νιώσουμε σήμερα εκείνη την ιδιαίτερη γοητεία, που έκανε τους συγχρόνους του να ανέχονται, ν' απολαμβάνουν κι ακόμη-ακόμη ν' αγαπούν το μεγάλο «στραβόξυλο». Αρκεί να επισημάνουμε – πράγμα που δεν κάνουν συνήθως οι σύντομες αναφορές στη ζωή του – πως επρόκειτο για εξαιρετικά καλοφτιαγμένο άντρα. Ήταν ψηλός με πλούσια υπόξανθα μαλλιά, ευθυτενής και αθλητικός, παρόλο που υπέφερε από χρόνιο άσθμα. Είχε γαλάζια διαυγή μάτια και φρέσκια ρόδινη επιδερμίδα, παρόλη τη συνήθειά του να καταναλώνει μεγάλες ποσότητες αλκοόλ.

Ντυνόταν κομψά και ασχολιόταν σχεδόν ψυχαναγκαστικά με την προσωπική του υγιεινή, ίσως επειδή πέρασε μεγάλο μέρος της ζωής του μέσα στη δυσοσμία και τη βρωμιά μιας από τις πιο δυσάρεστες πολεμικές συρράξεις της ανθρώπινης ιστορίας.

Γεννήθηκε στις 24 Ιουνίου 1842, στην επαρχία Μέιγκς του Οχάιο. Ήταν το δέκατο παιδί της Λάουρα και του Μάρκου «Αυρήλιου» Μπηρς. Ο πατέρας, ένας φτωχός αγρότης και ευσεβής Κοινοτιστής Πουριτανός, προερχόμενος - όπως άλλωστε και η μητέρα - από αποίκους που εγκαταστάθηκαν στη Νέα Αγγλία το 17ο αιώνα, αποφάσισε πως τα ονόματα των παιδιών του έπρεπε ν' αρχίζουν όλα από «Α»: Αμπιγκέιλ, Αμέλια, Άννα, Άντισον, Αυρηλία, Αύγουστος, Αλμέντα, Άντριου, Άλμπερτ και ύστερα Αμπρόουζ. Πώς έφτασε όμως ο Μάρκος στο μελόδραμα του Άγγλου συγγραφέα Τζέρολντ [Douglas Jerrold, 1803-1857]: «Αμπρόουζ Γκουίνετ ή Μια Ιστορία Πλάι στη Θάλασσα» [Ambrose Gwynett; or A Seaside Story,1828], που έβαλε δίπλα στο «Α» του βρέφους ένα «G»;

Στη συνέχεια ήρθαν κι άλλα «Α»: ο Άρθουρ, που πέθανε το 1846, σε ηλικία εννέα μηνών, η Αδέλια και η Αυρηλία, που πέθαναν κι αυτές μέσα στα επόμενα δύο χρόνια. Για να καταλάβουμε τον Αμπρόουζ, πρέπει οπωσδήποτε ν' αρχίσουμε από το γεγονός πως την εποχή που άρχισε να καταλαβαίνει τον κόσμο γύρω του, η μητέρα του ήταν απασχολημένη κατά πρώτο λόγο με τη φροντίδα των νεογέννητων και κατά δεύτερο με το πένθος για το ήδη νεκρό παιδί. Έτσι, δεν πρόσφερε στο Αγοράκι την αγάπη που όφειλε. Εκείνος απέρριψε τους γονείς και την οικογένεια· κατέφυγε στα βιβλία. Σύμφωνα με όσα λέγονταν, ο Μάρκος είχε τη μεγαλύτερη βιβλιοθήκη στο Κοσκιούσκο της Ιντιάνα, όπου μετακόμισαν το 1846. Εκεί τριγύριζε ο μικρός Αμπρόουζ.

Ήταν μόνος. Μόνος στο σπίτι και μόνος στο σχολείο. Μόλις έκλεισε τα δεκατρία του χρόνια, εγκατέλειψε για πάντα το πατρικό. Στην αρχή, έγινε ο «φτωχοδιάβολος» του τυπογραφείου μιας αντιρατσιστικής εφημερίδας που είχε ιδρυθεί πρόσφατα στο γειτονικό Ουάρσοου. Ύστερα τον τράβηξε το Άκρον του Οχάιο, όπου ο Λούκιος, ο μικρότερος αδελφός του Μάρκου – τόσο μα τόσο διαφορετικός από εκείνον - ήταν ο επιφανέστερος πολίτης: δικηγόρος, συγγραφέας, τέσσερις φορές δήμαρχος και θρυλικός πολεμιστής. Όταν, το 1838, ο Καναδάς βρισκόταν στα πρόθυρα εξέγερσης ενάντια στη βρετανική επικυριαρχία, ο «Στρατηγός» Μπηρς πέρασε τη λίμνη Έρι μ' ένα σώμα πεντακοσίων εθελοντών, για να προκαλέσει γενικό ξεσηκωμό. Τώρα ήταν ένας σκληροπυρηνικός αντιρατσιστής, που εφοδίασε με όπλα και πυρομαχικά τον Τζων Μπράουν [John Brown,1800-1859], όταν ο τελευταίος ξεκίνησε την αιματηρή έξοδο από το δουλοκτητικό Νότο.

Ο Λούκιος αποφάσισε πως ο Αμπρόουζ έπρεπε να γίνει στρατιωτικός. Μόλις έκλεισε τα δεκαεπτά, τον έστειλε στο περίφημο Στρατιωτικό Ινστιτούτο του Κεντάκυ. Ύστερα από ένα χρόνο τον απέβαλαν, αλλά είχε αποκτήσει ήδη στρατιωτικό παράστημα και γνώσεις σχεδίου και χαρτογραφίας, που σύντομα αποδείχθηκαν εξαιρετικά χρήσιμες. Ακολούθησαν εννέα μήνες γεμάτοι διάφορες περιστασιακές δουλειές στο Ουάρσοου, ώσπου την άνοιξη του 1861 ξέσπασε ο Εμφύλιος. Ο Μπηρς ήταν απ' τους πρώτους που κατατάχτηκαν στο στρατό του Λίνκολν [Abraham Lincoln, 1809-1865].

Με το Ένατο Σύνταγμα Πεξικού Εθελοντών του Κεντάκυ, μπήκε στο καθημερινό σφαγείο. Στον πρόσφατο Κριμαϊκό Πόλεμο είχαν χάσει τη ζωή τους είκοσι χιλιάδες Βρετανοί στρατιώτες, από τους οποίους μόνο οι τρεις χιλιάδες ξεψύχησαν στα πεδία των μαχών. Τον Απρίλιο του 1862, η φρικιαστική μάχη του Σίλο, που έλαβε μέρος και ο Μπηρς, τέλειωσε με 23.741 πτώματα. Πέρασε τη θητεία του εξολοκλήρου στο Νότο. Για έναν άνθρωπο γέννημα-θρέμμα της πεδινής Δύσης, οι ορεινές εκτάσεις του Νότου ήταν πραγματικά συγκλονιστικές. Η ομορφιά τους, μεταβαλλόταν αναπάντεχα, βασανιστικά, σε σκηνικό ανώφελων ηρωισμών και νυχτερινών σφαγών. Ο Μπηρς είδε γουρούνια να τρώνε τις σάρκες των σκοτωμένων στρατιωτών και μυαλά να χύνονται από ανοιγμένα κρανία. Από μιαν άποψη είχε να κάνει με «τυπικό πόλεμο». Η μέχρι αυτοθυσίας γενναιότητά του φάνηκε πολύ νωρίς, όταν διέσωσε έναν πληγωμένο συνάδελφό του, περνώντας μέσα από τα πυρά του στρατού των Νοτίων. Το Ινστιτούτο του Κεντάκυ, μετά από πολλά χρόνια τον πρότεινε για προαγωγή. Το Φεβρουάριο του 1862, και ενώ ήταν ήδη λοχίας, μετατέθηκε στην ταξιαρχία του στρατηγού Γουίλιαμ Χέιζεν [William Babcock Hazen 1830–1887], που ανήκε στο σώμα του Οχάιο, υπό τη διοίκηση του Μπιούελ [Don Carlos Buell, 1818-1898]. Ονομάστηκε αξιωματικός της τοπογραφικής υπηρεσίας κι άρχισε να χαρτογραφεί την περιοχή. Τον επόμενο χρόνο έγινε υπολοχαγός και το Νοέμβριο του 1864 προήχθη τιμητικά σε λοχαγό. Τώρα πια βρισκόταν κοντά στο Επιτελείο κι η συμπεριφορά των στρατηγών του προκαλούσε αηδία. Όσοι δεν ήταν ανόητοι ήταν ανώριμοι. Ο ήρωάς του ήταν ο Χέιζεν, που δεν έβλεπε με καλό μάτι την ανοησία, τόσο των οπλιτών όσο και των αξιωματικών.

Αυτός που θα έγραφε αργότερα το *Αλφαβητάρι του Διαβόλου*, είχε κληρονομήσει απ' τους Πουριτανούς προγόνους τους την αυστηρή συνείδηση. Έτσι, τρόμαξε με όσα είδε ως υπεύθυνος για τον ομοσπονδιακό θησαυρό στη Σέλμα της Αλαμπάμα, μετά τη λήξη της επιστράτευσης. Όλα τα τσακάλια του Βορρά είχαν έρθει για να σκυλέψουν το Νότο. Δουλειά του Μπηρς ήταν να εντοπίζει και να συγκεντρώνει το βαμβάκι που θεωρείτο πως ανήκε στην κυβέρνηση των Η.Π.Α. Το βαμβάκι ήταν προϊόν με μεγάλη ζήτηση, τόσο σημαντικό όσο το πετρέλαιο σήμερα. Οι συνάδελφοί του έστηναν κομπίνες με ασυνείδητους επιχειρηματίες, ξετσίπωτους πειρατές και λαθρέμπορους. Η επιμονή του στην εντιμότητα, έθεσε τη ζωή του σε μεγάλο κίνδυνο. Τώρα έβλεπε πίσω και πέρα από τον πομπώδη ιδεαλισμό του θείου Λούκιου. Γιατί είχε γίνει εκείνος ο πόλεμος; Ο τυχοδιωκτισμός των στρατιωτών, η απληστία των δημοσίων λειτουργών, ο πόλεμος και οι συνέπειες του πολέμου, πρόσφεραν στον ήδη αυστηρό ηθικολόγο Μπηρς, την κυνική ματιά που συναντάμε στο *Αλφαβητάρι του Διαβόλου*.

Τελικά, ο Χέιζεν τον γλίτωσε απ' αυτή την κατάσταση. Τον πήρε μαζί του σε μια περιοδεία για την επιθεώρηση των οχυρών στη νέα Ορεινή Περιοχή της Δύσης. Η αποστολή ξεκίνησε τον Ιούλιο του 1866 και ήταν μια επικίνδυνη, αλλά απολαυστική, πορεία στην ινδιάνικη ενδοχώρα, όπου οι Βίσονες γύριζαν ακόμη ελεύθεροι. Μόλις τελείωσε η επιθεώρηση, ο Μπηρς επέστρεψε στο Σαν Φρανσίσκο, ελπίζοντας πως θα πάρει κάποιο γράμμα, που θα τον διορίζει λοχαγό του στρατού των Η.Π.Α. Το γράμμα το πήρε, αλλά τον πληροφορούσε πως είχε γίνει δεύτερος αναπληρωτής υπολοχαγός. Θύμωσε κι αποφάσισε να τα παρατήσει. Έτσι, βρέθηκε άνεργος σε μια πόλη που έσφυζε από δραστηριότητα, χτισμένη τις δύο τελευταίες δεκαετίες, στη διάρκεια του διαβόητου Πυρετού του Χρυσού. Θα μείνει εκεί, για περισσότερα από τριάντα χρόνια.

Αρχικά πιάνει δουλειά σαν φύλακας στο Εθνικό Νομισματοκοπείο, ενώ παράλληλα αποφασίζει να αναλάβει ο ίδιος τη μόρφωσή του. Διαβάζει όλη την Παρακμή και Πτώση της Ρωμαϊκής Αυτοκρατορίας [Decline and Fall of the Roman Empire] του Έντουαρντ Γκίμπον [Edward Gibbon, 1737-1794]. Το έργο αυτό, με τη ζωντάνια του, έβγαλε τον Πικρόχολο Μπηρς απ' το κουκούλι του πρώην στρατιώτη που η μόνη του περιουσία ήταν οι ελπίδες του. Διάβασε κι έμαθε πως υπήρξε κάποτε μια ισχυρή δημοκρατία, που βυθίστηκε στο χάος κι αναγκάστηκε να τρέχει πίσω από κυκλοθυμικούς Καίσαρες, πως υπήρξαν κάποτε ενάρετοι ηγέτες που αντικαταστάθηκαν από απαίσιους τυράννους. Καθώς είχε πια αποξενωθεί εντελώς απ' την ψυχρή ευσέβεια των γονιών του και τα επαρχιώτικα ευαγγελικά κηρύγματα, η ειρωνεία με την οποία περιέγραφε ο Γκίμπον την προκατάληψη, την υποκρισία και τη διαφθορά της πρωτο-χριστιανικής Εκκλησίας, έδωσε πνευματική διάσταση στις στομαχικές αντιδράσεις του. Όχι μόνο οι απόψεις, αλλά και το ύφος του μεγάλου δασκάλου διαποτίζουν το *Αλφαβητάρι του Διαβόλου*, κάθε φορά που τολμά να εκφραστεί με το χαρακτηριστικό στόμφο των λατινικών.

Το Σαν Φρανσίσκο ήταν το καταλληλότερο μέρος για να ξεκινήσει τη συγγραφική του καριέρα. Εκατό χιλιάδες ψυχές, πάνω-κάτω, στήριζαν την έκδοση ενενήντα εφημερίδων και περιοδικών κάθε είδους. Δυο από τους σημαντικότερους πρωτοπόρους αυτού που έλειπε - μιας ξεχωριστής

«Αμερικανικής» λογοτεχνίας δηλαδή - μεσουρανούσαν στο εκκεντρικό, αυτοδημιούργητο στερέωμα της πόλης: ο Μπρετ Χαρτ [Bret Harte, 1836-1902] και ο Μαρκ Τουαίην [Mark Twain/ Ψευδ. Samuel Taylor Clemens, 1835-1910]. Το πρώτο δημοσίευμά του ήταν ένα ποίημα, στην εφημερίδα Californian. Θα συνεχίσει να γράφει ποιήματα μέχρι το τέλος της καριέρας του. Μερικά ήταν μελαγχολικά. Άλλα – τα περισσότερα – σατιρικά. Όλα όμως διέθεταν άρτια τεχνική και μελωδία. Ο Μπηρς πίστευε πως η ποίηση ήταν η υψηλότερη μορφή λογοτεχνίας. Τον ίδιο καιρό όμως αποφάσισε, με θλίψη, πως σίγουρα δεν θα μπορούσε να πετύχει κάτι σημαντικό στη ζωή του μόνο με τη συγκίνηση των στίχων. Άρχισε να δημοσιεύει άρθρα από δω κι από κει. Το καλοκαίρι του 1868 έγινε μέλος του δημοσιογραφικού επιτελείου της News Letter κι από το Δεκέμβριο, αρχισυντάκτης της εφημερίδας. Ο προκάτοχός του – κάποιος Γουώτκινς – πριν φύγει για τη Νέα Υόρκη, του συνέστησε ευγενικά να διαβάσει Σουίφτ [Johnathan Swift, 1667-1745] και Βολταίρο [Francois-Marie Arouet Voltaire, 1694 - 1778]. Απ' τον τρελόπαπα έμαθε μέχρι πού μπορεί να φτάσει η άγρια αγανάκτηση, ώστε να μη γίνει κακόγουστο χάχανο. Από το Γάλλο αφομοίωσε μια μέθοδο λακωνικής και χαριτωμένης ειρωνείας, που βρισκόταν στον αντίποδα του Γκίμπον. Στην ίδια σελίδα του *Αλφαβηταρίου* ο «Σουϊφτικός» ορισμός της **Αγκαλιάς** ως «...πρωτίστως χρήσιμης στα αγροτικά πανηγύρια, για τη στήριξη δίσκων με κρύο κοτόπουλο και κεφαλών αρσενικών ενηλίκων», ακολουθείται από τον «Βολταιρικό» **Δικηγόρο**... «Αυτόν που ξέρει να παρακάμπτει το νόμο».

Ο Άγγλος ιδιοκτήτης της News Letter, ο Φρέντερικ Μάρριοτ [Frederick Marriott, 1805-1884], είχε καταφέρει να κάνει την εφημερίδα του το πιο αποδοτικό διαφημιστικό μέσο του Σαν Φρανσίσκο και τώρα έτριβε τα χέρια του από ικανοποίηση, βλέποντας πως η εκ του συστάδην επίθεση του Μπηρς – που έγραφε με το ψευδώνυμο «Τελάλης» - στον Κλήρο της πόλης θα του ανέβαζε την κυκλοφορία. Οι αντιδράσεις ήταν σκανδαλώδεις. Ο Μπηρς καυτηρίαζε την εγκληματική συμπεριφορά των Χριστιανών απέναντι στην εργατική κινεζική κοινότητα και σχολίαζε τους φόνους και τις αυτοκτονίες. Οι φόνοι – ιδιαίτερα οι αιματηροί – είναι ακόμη και σήμερα σημαντικός λόγος για την αύξηση της κυκλοφορίας των εφημερίδων. Σε μιαν εποχή και σ' έναν τόπο, όπου οι εφημερίδες ήταν επιθετικές και βάναυσες, όλο το Σαν Φρανσίσκο αντιμετώπιζε με οδυνηρή έκπληξη ή χαιρεκακία τη «Σουϊφτική» απουσία αναστολών του «Τελάλη».

Το ανερχόμενο αστέρι βρήκε το αστέρι της καρδιάς του στην Μόλλυ Νταίη, κόρη ενός επιτυχημένου μεταλλωρύχου. Στο μεταξύ, ο Μπηρς είχε ήδη προκαλέσει αίσθηση στο Λονδίνο, που τότε ήταν ακόμη η λογοτεχνική πρωτεύουσα του αγγλόφωνου κόσμου. Το 1872, ο γερο-Νταίη αποχαιρέτησε πανευτυχής το νεαρό ζευγάρι, που εστράφη – ε ναι λοιπόν! – προς ανατολάς.

Κι άλλοι αστέρες της Καλιφόρνια αφέθηκαν στην έλξη του ίδιου μαγνήτη. Ο Μπρετ Χαρτ θα μετακόμιζε για τα καλά στην Αγγλία. Ο Μαρκ Τουαίην έκανε μια σύντομη εμφάνιση, όπως κι ο Χοακίν Μίλλερ [Joaquin Miller, 1837-1913], σαν ιδιότυπος καουμπόης «Ποιητής των Σιέρας». Όμως ο Μπηρς προτίμησε να τριγυρίζει στα καπηλειά με μια παρέα διακεκριμένων Άγγλων πεζογράφων και δημοσιογράφων, η οποία συμπληρωνόταν κάπου-κάπου και με τον Γκίλμπερτ [W. S. Gilbert, 1836-1911], το λιμπρετίστα του Σάλλιβαν [Arthur

Seymour Sullivan, 1842-1900]. Ο Μπηρς βρήκε εκδότες για τρεις συλλογές πεζών. Το ψευδώνυμό του, «Ντοντ Γκριλ» [Dod Grile], αναγραμματισμός του «Οργισμένος Θεός» [God Riled] δεν είχε επιτυχία, δεν έγινε οικείο στους αναγνώστες κι έτσι δυσκολεύτηκε κάπως να συντηρήσει τη γυναίκα και τους δυο νεογέννητους γιους του. Η Αγγλία όμως του άρεσε – μεταβλήθηκε σε ένθερμο αγγλόφιλο - και στενοχωρήθηκε όταν η Μόλλυ, που είχε ήδη επιστρέψει στο Σαν Φρανσίσκο, νοσταλγώντας τον τόπο της, του ανήγγειλε πως ήταν έγκυος στο τρίτο τους παιδί. Τον Οκτώβριο του 1875, ο Μπηρς έφτανε κοντά στην οικογένειά του, στην Καλιφόρνια, καταμεσής μιας οικονομικής ύφεσης, που τον ανάγκασε να περάσει πολλούς μήνες άνεργος, πριν καταφέρει να υπογράψει μια στήλη στην εφημερίδα Argonaut, σαν «Πολυλογάς»· ο «Τελάλης» με νέο όνομα.

Το 1880 παρατά ξαφνικά τη δημοσιογραφία κι αναλαμβάνει τη διεύθυνση ενός μεταλλείου στους Μαύρους Λόφους της Ντακότα. Μιλάμε για Άγρια Δύση στα «άγριά» της! Ο Μπηρς είχε την πρόνοια να προσλάβει το γρηγορότερο εν ζωή «πιστόλι» της περιοχής, για την προστασία της επιχείρησης. Στις μισθοδοτικές καταστάσεις τον καταχώρισε ως «Μπούνυ Μέυ, δολοφόνος». Όντως υπήρχε χρυσάφι σε κείνους τους ανθρακόλοφους, αλλά η επιχείρηση δεν βρισκόταν στο σωστό σημείο κι έτσι, χωρίς ευθύνη του Μπηρς - σε όλες τις δουλειές του ήταν πολύ αποδοτικός – το σύμπαν κατέρρευσε σε μερικούς μήνες. Ξανάστησε όμως τη στήλη του «Πολυλογά» σε μιαν άλλη εφημερίδα του Σαν Φρανσίσκο. Η Wasp τον προσέλαβε ως συντάκτη τον Ιανουάριο του 1881. Τότε θα ξεκινούσε – όλως παραδόξως από το γράμμα «Ρ» – τα λήμματα που θα συγκέντρωνε αργότερα με τον τίτλο *«Το Αλφαβητάρι του Διαβόλου»*. Η στήλη έγινε δημοφιλής και στα επόμενα πέντε χρόνια θα έφτανε τα ογδόντα οκτώ λήμματα, με δεκαπέντε ως είκοσι λέξεις το καθένα.

Η κρίσιμη στιγμή της λογοτεχνικής ζωής του Μπηρς έφτασε το 1887, όταν ο Γουίλλιαμ Ράντολφ Χερστ [William Randolph Hearst, 1863-1951], απόφοιτος του Χάρβαντ και γιος ενός πλούσιου διαφθαρμένου αυτοδημιούργητου γερουσιαστή, αντιλήφθηκε πως το μέλλον των εφημερίδων βρισκόταν στον «κιτρινισμό» που ερεθίζει με αισχρό τρόπο τις αισθήσεις των αναγνωστών. Άρπαξε τον Μπηρς και τον έβαλε να γράφει μια στήλη και κύρια άρθρα στην Examiner του Σαν Φρανσίσκο. Το γεγονός πως του παρείχε τη δυνατότητα ν' αμφισβητεί ό,τι και όποιον ήθελε ήταν αρκετό. Τον Χερστ δεν τον ένοιαζε αν οι απόψεις που εξέφραζε ο Μπηρς ήταν αντίθετες με τις δικές του. Εξάλλου, η Examiner ήταν μια καλή διέξοδος για τις ιστορίες από τον Εμφύλιο που τον καθιέρωσαν ως σημαντικό Αμερικανό λογοτέχνη.

Το διήγημα βρισκόταν ακόμη στην εφηβεία του ως λογοτεχνικό είδος. Ο Μπηρς το τροφοδότησε με έναν συνδυασμό προσεκτικά επιλεγμένων λεπτομερειών και αλλόκοτων, εξαιρετικών γεγονότων, οπωσδήποτε «απίστευτων». Θα μπορούσε να θεωρηθεί πρόδρομος του «Μαγικού Ρεαλισμού», που αναπτύχθηκε στη διάρκεια του δεύτερου μισού του 20ου αιώνα ή και μια σημαντική επιστροφή στον Γουώλτερ Σκωτ [Sir Walter Scott, 1771-1832], το μεγάλο δημιουργό «μυθιστοριών». Αρκεί να ρίξουμε μια ματιά στο λήμμα **Μυθιστόρημα**, στο *Αλφαβητάρι*: «Για τη μυθιστορία, το μυθιστόρημα είναι ό,τι η φωτογραφία για τη ζωγραφική». Ο διεισδυτικός επιμελητής του έργου του Μπηρς καταλαβαίνει την «εσωτερική σχέση» των διηγημάτων για τον Εμφύλιο, των «Μύθων» και των φανταστικών ιστοριών, που έχουν ήρωες πολίτες. Όμως την αναμφισβήτητη προτίμηση των αναγνωστών την συγκέντρωσαν οι φανταστικές ιστορίες. Στην αγγλόφωνη λογοτεχνία δεν υπάρχει τίποτε παρόμοιο με τα διηγήματα του Εμφυλίου, που συνεχίζουν να συγκλονίζουν τον αναγνώστη, ακόμη και μετά απ' όλα τα εξαιρετικά κείμενα για τον πόλεμο που γράφτηκαν μετά το 1914. Ακόμη και τα γραπτά του Ρόμπερτ Γκρέιβς [Robert Graves, 1895-1985], ας πούμε, ή του Βασίλι Γκρόσμαν [Vasily Grossman, 1905-1964], όταν συγκρίνονται με το αδέκαστο Τσικαμάουγκα [Chickamauga] του Μπηρς, φαίνονται σαν να μας λυπούνται, σαν να μας κρύβουν κάποια πράγματα.

Ο Μπηρς υπηρετούσε στην ταξιαρχία του Χέιζεν, στη Τζόρτζια, όταν το Σεπτέμβριο 1863 ξέσπασε η μάχη της Τσικαμάουγκα,. Ο στρατός των Βορείων οπισθοχώρησε, εγκαταλείποντας 16.000 νεκρούς και βαριά πληγωμένους. Όπως οι περισσότεροι παλιοί στρατιώτες, ο Μπηρς έπνιξε μέσα του τις φρικιαστικές, κυριολεκτικά απερίγραπτες, μνήμες του πολέμου, για δεκαετίες. Τελικά, η τέχνη του κατάφερε να σχηματοποιήσει την Τσικαμάουγκα, όχι «φωτογραφικά», αλλά από την άποψη των συνεπειών της, με τα μάτια ενός κωφάλαλου αγοριού.

Το πρώτο βιβλίο του, οι *Ιστορίες για Στρατιώτες και Πολίτες [Tales of Soldiers and Civilians]*, εμφανίστηκε το 1891. Αυτή η «σοβαρή» δημιουργική έκρηξη είχε συμπέσει με την καταστροφή της προσωπικής του ζωής. Εξαγριώθηκε όταν ανακάλυψε την ερωτική επιστολή που είχε στείλει στην Μόλλυ κάποιος Δανός περαστικός από την Καλιφόρνια. Ίσως, αυτή η λόγω απιστία της Μόλλυ, να μην ήταν παρά μόνο μια πρόφαση και όχι αιτία για το χωρισμό τους, το 1888, παρόλο που πολύ αργότερα θα εξομολογιόταν στις κόρες του πως η μητέρα τους ήταν η μεγάλη αγάπη του. Την επόμενη χρονιά, ο Νταίη, ο δεκαεπτάχρονος γιος του, ανερχόμενος δημοσιογράφος, αυτοπυροβολήθηκε αφού πρώτα σκότωσε τον καλύτερό του φίλο για χάρη ενός κοριτσιού.

Η γραφή του Μπηρς έγινε ακόμη πιο πικρόχολη. Όσο για τον Χερστ... Ήταν καταδεκτικός και καλοπληρωτής, αλλά ο Μπηρς δεν άργησε ν' αντιληφθεί και ν' αντιμετωπίσει με καχυποψία τα πολιτικά σχέδιά του. (Οι λαϊκιστικές εφημερίδες του εξυπηρετούσαν την επιθυμία του να γίνει Πρόεδρος). Αλλά οι προσδοκίες του εργοδότη του έγιναν και δικές του, όταν το 1896 ο Χερστ τον έστειλε στην Ουάσινγκτον, για να οργανώσει εκστρατεία ενάντια στον Κόλλις Π. Χάντινγκτον [Collis P. Huntingdon, 1821-1900].

Ο Μπηρς απεχθανόταν τον Χάντινγκτον, βετεράνο της επιβίωσης μιας γενιάς αδίστακτων καπιταλιστών της μετεμφυλιακής εποχής. Η κυβέρνηση Λίνκολν είχε δανειοδοτήσει την Southern Pacific Railroad Company, που του ανήκε. Τα χρήματα δεν επεστράφησαν και τώρα ο Χάντινγκτον προωθούσε στο Κογκρέσο νομοσχέδιο, το οποίο ανέστειλε το χρέος για εβδομήντα πέντε χρόνια. Για τους επόμενους μήνες, ο Μπηρς δημοσίευε συγκλονιστικά στοιχεία στις εφημερίδες του Χερστ, στο Σαν Φρανσίσκο και τη Νέα Υόρκη. Μια ημέρα, στα σκαλιά του Καπιτωλίου, ο Χάντινγκτον του ζήτησε να ορίσει την τιμή του. «*Η τιμή μου*» απάντησε εκείνος, «*είναι εβδομήντα πέντε εκατομμύρια δολάρια. Αν, όταν είστε έτοιμος να πληρώσετε, τυχαίνει να λείπω, μπορείτε να τα δώσετε στο φίλο μου, το θησαυροφύλακα των Ηνωμένων Πολιτειών*». Η απάντηση έγινε πρωτοσέλιδο στις εφημερίδες όλης της χώρας και το Κογκρέσο απέρριψε τα σχέδια του Χάντινγκτον.

Το Δεκέμβριο του 1899, ο Μπηρς επέστρεψε στην Ουάσιγκτον για μόνιμη εγκατάσταση. Ήταν ακόμη υπάλληλος του Χέρστ και περιζήτητος, όταν για κακή του τύχη, στις αρχές του 1901, ο Λιγκ, ο δεύτερος γιος του - επίσης δημοσιογράφος - πέθανε από πνευμονία στη Νέα Υόρκη. Τέσσερα χρόνια αργότερα πέθανε και η Μόλλυ Μπηρς, αφού επιτέλους είχε υποβάλλει αίτηση διαζυγίου. Στο μεταξύ, ο Μπηρς παρήγαγε για τον Χερστ εικοσιτέσσερις φορές «περισσότερο» *Αλφαβητάρι*. Το *Αλφαβητάρι ενός Κυνικού [The Cynic's Word Book]* εμφανίστηκε το 1906 κι ο εκδότης του, ο Νταμπλνταίη, ήταν πανευτυχής με τον τίτλο. Περιλάμβανε το σύνολο των λημμάτων, από το «Α» μέχρι και το «L». Ολόκληρο το *Αλφαβητάρι*, με το σωστό τίτλο του, δημοσιεύθηκε το 1911, στον 7ο τόμο μιας παράτολμης δωδεκάτομης έκδοσης των «Απάντων» του [Collected Works / 1909-1912]. Με το γύρισμα του αιώνα, το *Αλφαβητάρι* είχε μεγάλη απήχηση. Οι αντιδράσεις ήταν αλυσιδωτές, από το μισογυνισμό των κόμικς της New Yorker και τις «μπηχτές» του Γκρούτσο Μαρξ [Groucho Marx, 1890-1977] μέχρι την άγρια σάτιρα του Γκέοργκ Γκρος [Georg Grosz, 1893-1959], του Στηβ Μπελ [Steve Bell, 1951-] και του Ραλφ Στέντμαν [Ralph Steadman, 1936-], που εικονογραφεί με τον καλύτερο τρόπο τον αναχείρας τόμο.

Το γεγονός πως ο Μπηρς βιάστηκε να συγκεντρώσει τα γραπτά του, ενδέχεται να σημαίνει πως πίστευε ότι δεν θα έγραφε πια κάτι αξιόλογο. Μπορεί να ένοιωθε πως έγραψε, μίλησε και μέθυσε αρκετά. Από το φθινόπωρο του 1913, άρχισε να κουβεντιάζει για το ενδεχόμενο να πάει στο Μεξικό και να δει από κοντά τις επαναστατικές εξελίξεις.

Το αντιμετώπιζε ίσως σαν μια μορφή ευθανασίας. Ήθελε να αγωνιστεί στο πλευρό των ανταρτών του Πάντσο Βίγια [Pancho Villa / Doroteo Arango Ar_mbula, 1877-1923] ή να τον πάρει καμιά αδέσποτη; Εκτός τούτου, συνέχισε να ισχυρίζεται πως ο πόλεμος τον ενδιέφερε ακόμη. Θα μπορούσαμε λοιπόν να περιμένουμε κι άλλα «γραπτά» επί του θέματος; Γνωρίζουμε πως τον Οκτώβριο επισκέφθηκε τα παλιά πεδία των μαχών του Εμφυλίου, συμπεριλαμβανομένης της Τσικαμάουγκα, και πως έφτασε στο Τέξας, απ' όπου ταχυδρόμησε μερικά γράμματα. Το αν και κατά πόσο η επιστολή που έλαβε η γραμματέας και σύντροφός του Κάρυ Κρίστιανσον – και φέρεται ως η τελευταία, με ημερομηνία αποστολής: 26 Δεκεμβρίου 1914 – ταχυδρομήθηκε από την Τσιουάουα στο Μεξικό, δεν είναι βέβαιο. Τυπικά, πρόκειται για το τελευταίο ίχνος του Μπηρς. Το σίγουρο είναι ότι κανένας από τους πολλούς Αμερικανούς δημοσιογράφους που ακολουθούσαν το στρατό του Βίγια, δεν συνάντησε τον παλαίμαχο και διάσημο συνάδελφό του, και πως η έρευνα που διεξήγαγε η αμερικανική κυβέρνηση δεν είχε κανένα αποτέλεσμα. Πραγματικά στοιχεία που να στηρίζουν την άποψη πως πήγε στο Γκραντ Κάνυον, βρήκε μια ήσυχη γωνιά και αυτοπυροβολήθηκε, δεν υπάρχουν.

Βραχυγραφίες όρων

αγγλ. αγγλικά
άγν. άγνωστος, -η, -ο
αμτβ. αμετάβατος, -η, -ο
αντων. αντωνυμία
αρχ. απαρχαιωμένος, -η, -ο
γαλλ. γαλλικά
επίθ. επίθετο
επίρρ. επίρρημα
λατιν. λατινικά
μτβ. μεταβατικός, -η, -ο
μτχ. μετοχή
ουσ. ουσιαστικό
παθ. παθητικός, -η, -ο
πληθ. πληθυντικός
ρ. ρήμα

Σύμβολα

[ ] Μέσα σε αγκύλες δίνεται η προέλευση της λέξης.

< Η λέξη του λήμματος προέρχεται

Αβρότητα *ουσ.* Το είδος της πολιτισμένης συμπεριφοράς, που οι μελετητές της αστικής ζωής αποδίδουν στους κατοίκους όλων των πόλεων, πλην της Νέας Υόρκης. Η συνηθέστερη έκφραση της αβρότητας συμπυκνώνεται στις λέξεις: «Εκλιπαρώ τη συγνώμη σας», εντελώς ασύμβατες με την περιφρόνηση των δικαιωμάτων του άλλου.

Άγιος *ουσ.* Ένας νεκρός αμαρτωλός σε αναθεωρημένη έκδοση.

Αγκαλιά *ουσ.* Ένα από τα σημαντικότερα όργανα του γυναικείου σώματος, μια αξιοθαύμαστη μέριμνα της φύσης για την ανάπαυση των βρεφών, αλλά πρωτίστως χρήσιμη στα αγροτικά πανηγύρια, για τη στήριξη δίσκων με κρύο κοτόπουλο και κεφαλών αρσενικών ενηλίκων. Τα αρσενικά του είδους μας έχουν υποτυπωδώς ανεπτυγμένη, ατροφική αγκαλιά, η οποία κάθε άλλο παρά συνεισφέρει στην ουσιαστική ευημερία ενός ζώου.

Αδαής *επίθ.* Το πρόσωπο που αγνοεί ορισμένες από τις γνώσεις που κατέχεις καλά και διαθέτει κάποιες άλλες, τις οποίες αγνοείς παντελώς.

Άδης *ουσ.* Ο κάτω κόσμος. Η κατοικία των ψυχών. Εκεί που ζουν οι νεκροί. Ο Άδης των Αρχαίων δεν ήταν ίδιος με τη δική μας Κόλαση. Γι' αυτό, πολλές σημαντικές προσωπικότητες της Αρχαιότητας περνούσαν μια χαρά εκεί. Τελικά, τα Ηλύσια Πεδία ήταν τμήμα του Άδη, μέχρι που μεταφέρθηκαν στο Παρίσι. Όταν διαμορφωνόταν η Ιακωβιτική μορφή της Καινής Διαθήκης[2], η πλειοψηφία των ευσεβών και μορφωμένων ανθρώπων που είχαν αναλάβει το έργο, επέμεναν πως η ελληνική λέξη «Άδης» θα έπρεπε να μεταφραστεί με τη λέξη «Κόλαση». Όμως κάποιος ευσυνείδητος από τη μειοψηφία, απέσπασε κρυφά το κείμενο κι άρχισε να σβήνει την ανεπίτρεπτη λέξη όπου την συναντούσε. Στην επομένη συνάντηση, ο Επίσκοπος του Σάλσμπερυ, κοίταξε το κείμενο, πετάχτηκε όρθιος και φώναξε με ιδιαίτερο ενθουσιασμό: «Κύριοι, κάποιος έστειλε την «Κόλαση» στην Κόλαση!» Χρόνια μετά την όσια κοίμηση του καλού ιεράρχη, τα λόγια που είχε ξεστομίσει (με τη βοήθεια της Θείας Πρόνοιας) θεωρήθηκαν σημαντική, ευεργετική και αιώνια συνεισφορά στον πλούτο της αγγλικής γλώσσας.

Αδιακρισία *ουσ.* Γυναικείο έγκλημα.

Αδικία *ουσ.*Το ελαφρύτερο στα χέρια και βαρύτερο στους ώμους φορτίο, απ' όλα όσα ρίχνουμε στους άλλους και κουβαλάμε οι ίδιοι.

Αδυναμίες *ουσ. πληθ.* Πρωτογενείς δυνάμεις της Τυραννικής Γυναίκας, με τις οποίες επιβάλλεται στο αρσενικό του είδους της, υποτάσσοντάς το στη βούλησή της και παραλύοντας κάθε διάθεσή του για απελευθέρωση.

Αέρας *ουσ.* Θρεπτική ουσία εμπλουτισμένη με μπόλικη Θεία Πρόνοια, για να παχαίνουν οι φτωχοί.

Αθανασία *ουσ.*

Ένα παιχνίδι που οι άνθρωποι το θέλουνε πολύ.
Κλαίνε, φωνάζουνε γονατιστοί.
Λένε ψέματα, θεωρητικολογούν,
παλεύουνε, λογομαχούν.
Και προκειμένου δικό τους να το κάνουν
είναι έτοιμοι μέχρι και να... πεθάνουν!

Αθεϊσμός *ουσ.* Η μεγαλύτερη από τις μεγάλες θρησκείες του κόσμου.

Αίνος *ουσ.* Εγκώμιο για ένα πρόσωπο που είχε, είτε πλούτο και δύναμη, είτε την ευαισθησία να πεθάνει.

Αισιοδοξία *ουσ.* Θεωρία ή πεποίθηση σύμφωνα με την οποία: όλα είναι ωραία (συμπεριλαμβανομένων των άσχημων), όλα είναι καλά (ιδίως τα κακά) κι όλα είναι σωστά έτσι λάθος που είναι. Την υποστηρίζουν με μανία κυρίως οι συνηθισμένοι στις αναποδιές και αντιμετωπίζονται συνήθως με μια σαρκαστική απομίμηση χαμόγελου. Σαν τυφλή πίστη, δεν αντέχει το φως των αποδείξεων. Σαν διανοητική ασθένεια, δεν επιδέχεται άλλη θεραπεία από το θάνατο. Είναι κληρονομική, αλλά ευτυχώς όχι μεταδοτική.

Αισιόδοξος *επίθ.* Αυτός που ισχυρίζεται πως το μαύρο είναι άσπρο.

Αισχρολογία *ουσ.* Η επικριτική γλώσσα με την οποία εκφράζεται κάποιος για μας.

Αιφνίδιος *επίθ.* Ξαφνικός, χωρίς ιεροτελεστίες και τα παρόμοια. Όπως η άφιξη μιας οβίδας και η αναχώρηση του στρατιώτη προς τον οποίο στρέφει το ενδιαφέρον της. Ο Δρ. Σάμιουελ Τζόνσον [Dr. Samuel Johnson, 1709-1784] σχολιάζοντας τις ιδέες κάποιου συγγραφέα, είπε - πολύ σωστά - πως ήταν «συνδεδεμένες χωρίς αιφνιδιασμούς».

'Ακαδημία *ουσ.* Παλιό σχολείο, στο οποίο δίδασκαν ηθική και φιλοσοφία.

Ακαδημία *] ουσ. [< αρχ. 'Ακαδημία].* Σύγχρονο σχολείο στο οποίο διδάσκουν ποδόσφαιρο.

Ακέφαλος *ουσ.* Ο έκπληκτος Σταυροφόρος, που προσπαθεί να διορθώσει το τσουλούφι του, λίγες ώρες αφού – χωρίς να το καταλάβει – πέρασε απ' το λαιμό του το γιαταγάνι ενός Σαρακηνού.

Ακόλαστος *επίθ.* Αυτός που ρίχτηκε με μανία καταπάνω στην απόλαυση, η οποία δυστυχώς τον προσπέρασε.

Ακορντεόν *ουσ.* Όργανο με το οποίο εκφράζει αρμονικά τα συναισθήματά του ο δολοφόνος.

Ακόρντο *ουσ.* Αρμονία.

Αλήθεια *ουσ.* Ευφυής σύνθεση της επιθυμίας με την πραγματικότητα. Η ανακάλυψη της αλήθειας αποτελεί αποκλειστικό σκοπό της φιλοσοφίας, η οποία είναι η αρχαιότερη δραστηριότητα του ανθρωπίνου πνεύματος και έχει βάσιμες ελπίδες πως θα συνεχίσει να είναι μέχρι το τέλος του κόσμου.

Αλιγάτορας *ουσ.* Ο κροκόδειλος της Αμερικής· οπωσδήποτε ανώτερος από τον κροκόδειλο των παρακμασμένων μοναρχιών του Παλιού Κόσμου. Ο Ηρόδοτος [480-420 π.Χ.] λέει πως ο Ινδός – με μια εξαίρεση βέβαια – είναι ο μοναδικός ποταμός που βγάζει κροκοδείλους, αλλά φαίνεται πως κινήθηκαν προς τη Δύση και γέμισαν κι άλλα ποτάμια. Από τα κοψίματα που έχει στην πλάτη του, ονομάζεται και κοψοχολιαστής.

Αλλάχ *ουσ.* Ο ένας και μοναδικός Θεός των Μωαμεθανών, που είναι εντελώς διαφορετικός από τον ένα και μοναδικό Θεό των Χριστιανών, των Ιουδαίων και εν γένει των υπολοίπων.

Αλλιώς *επίρρ.* Πάντως όχι καλύτερα.

Αμερόληπτος *επίθ.* Ο ανίκανος να διακρίνει το προσωπικό όφελος που θα είχε, αν έπαιρνε το μέρος της μιας πλευράς σε κάποια αντιπαράθεση ή ενστερνιζόταν τη μία από δύο αντίθετες απόψεις.

Αμετανοησία *ουσ.* Η πνευματική κατάσταση που μεσολαβεί χρονικά ανάμεσα στην παρανομία και την τιμωρία.

Αμνηστία *ουσ.* Η μεγαλοψυχία που δείχνει το κράτος στους παραβάτες, των οποίων η τιμωρία κοστίζει ακριβά.

Αμφιδέξιος *επίθ.* Ο ικανός να ξαλαφρώσει μια δεξιά και μιαν αριστερή τσέπη με την ίδια ταχύτητα.

Αναγνώριση *ουσ.* Βαθμός διάκρισης μεταξύ του περιβόητου και του φημισμένου: λίγο πιο ανεκτός από τον ένα και λίγο πιο αφόρητος από τον άλλο. Μερικές φορές απονέμεται από ένα εχθρικό και απερίσκεπτο χέρι.

Ανακούφιση *ουσ.* Η συναισθηματική κατάσταση στην οποία περιέρχεσαι, ενώ αναλογίζεσαι τι τραβάει ο γείτονάς σου.

Άνανδρος *επίθ.* Αυτός που, σε κατάσταση ανάγκης, σκέφτεται με τα πόδια.

Αναπνευστήρας *ουσ.* Συσκευή προσαρμοσμένη στη μύτη και το στόμα των κατοίκων του Λονδίνου, για να καθαρίζουν τη γύρω πραγματικότητα πριν περάσει στα πνευμόνια τους.

Αναπολώ *ρ.* Ανακαλώ στη μνήμη μου – με τις απαραίτητες προσθήκες φυσικά – κάτι που προηγουμένως μου ήταν εντελώς άγνωστο.

Αναποφασιστικότητα *ουσ.* Το κυριότερο στοιχείο της επιτυχίας. «Δεδομένου ότι υπάρχει ένας μόνο τρόπος να μην καταφέρεις τίποτε και μερικοί να καταφέρεις κάτι, εκ των οποίων απόλυτα σίγουρος είναι μόνο ο ένας, μπορούμε να συμπεράνουμε πως αυτός που αδρανεί από αναποφασιστικότητα έχει λιγότερες πιθανότητες να αποτύχει από αυτόν που αποφασίζει να ενεργήσει» είπε ο Σερ Τόμας Χαμομίλιαν, δίνοντας την πιο σαφή και επιτυχημένη περιγραφή του όλου ζητήματος.

Αναστολή *ουσ.* Προσωρινή διακοπή της δίωξης ενός ήδη καταδικασμένου δολοφόνου, ώστε να διαπιστωθεί αν το φόνο δεν τον έκανε πραγματικά ο δικηγόρος του ενάγοντος. Κάθε διακοπή της πορείας μιας δυσάρεστης εξέλιξης.

Αναστοχασμός *ουσ.* Η πνευματική δραστηριότητα μέσω

της οποίας αποκτούμε σαφέστερη άποψη τη σχέσης μας με το χθες, και καθιστάμεθα ικανοί να αποφύγουμε τους κινδύνους που δεν πρόκειται να αντιμετωπίσουμε αύριο.

Ανάπτυξη *ουσ.* Η δημιουργία ή επιχορήγηση πανεπιστημίων και δημοσίων βιβλιοθηκών με δωρεές ή ιδιωτικά κληροδοτήματα.

Ανάχωμα *ουσ.* Σκουπίδια τοποθετημένα μπροστά σ' ένα οχυρό, για να εμποδίζουν τ' απέξω σκουπίδια να μακελέψουν τ' από μέσα σκουπίδια.

Αναψυχή *ουσ.* Είδος δυσφορίας, που μας ξεκουράζει από τη γενική μαυρίλα της ζωής μας.

Ανευλάβεια *ουσ.* Το να μη σέβεσαι το θεό που λατρεύω.

Ανήθικο *επίθ.* Αυτό που οι άνθρωποι βλέπουν πως στις περισσότερες περιπτώσεις δεν φέρνει κανένα αποτέλεσμα, με την πάροδο του χρόνου το θεωρούν λανθασμένο, κακό, ανήθικο. Αν οι ιδέες των ανθρώπων για το σωστό και το λάθος έχουν άλλη βάση από την αναποτελεσματικότητα, αν προέρχονται ή έχουν προέλθει από κάτι διαφορετικό, με οποιονδήποτε άλλο τρόπο, αν οι πράξεις έχουν καθ' εαυτές ηθικό χαρακτήρα, εντελώς άσχετο με την αποτελεσματικότητά τους, τότε η φιλοσοφία είναι ένα ψέμα και η λογική μια πνευματική διαταραχή.

Ανθρωποκτονία *ουσ.* Το μακέλεμα ανθρώπου από

άνθρωπο. Υπάρχουν τέσσερα είδη ανθρωποκτονίας: ειδεχθής, εξ αμελείας, δικαιολογημένη και αξιέπαινη, αλλά για το μακελεμένο δεν έχει και καμιά διαφορά από ποιο είδος μακελέματος πήγε. Η ταξινόμηση γίνεται για τη διευκόλυνση των δικαστών.

Άνθρωπος *ουσ.* Ένα ζώο τόσο βυθισμένο στον εκστατικό στοχασμό του γι' αυτό που νομίζει πως είναι, ώστε να ξεχνά αυτό που αναμφισβήτητα όφειλε να είναι. Ασχολείται κυρίως με την εξόντωση των άλλων ζώων και ειδικά των ζώων του είδους του, τα οποία, ωστόσο, πολλαπλασιάζονται με τόσο μεγάλη ταχύτητα, ώστε στο τέλος θα κατακλύσουν όλον τον κόσμο και τον Καναδά.

Ανθρωπότητα *ουσ.* Το ανθρώπινο είδος στο σύνολό του, εκτός από τους ποιητές, οι οποίοι μοιάζουν μόνο εξωτερικά με ανθρώπους.

Ανομοιοκατάληκτος *στίχος, ουσ.* Ιαμβικά πεντάμετρα[3] που δεν ομοιοκαταληκτούν. Το πιο δύσκολο είδος στίχου, για να γράψεις καλή ποίηση. Συνεπώς, το προτιμούν αυτοί που ούτως ή άλλως δεν μπορούν να γράψουν καθόλου ποίηση.

Αντιαλκοολικός *ουσ.* Αυτός που απέχει από το πολύ ποτό μερικές φορές τελείως και μερικές εντελώς τελείως.

Αντιαμερικανός *επίθ.* Ο κακός, ο απαράδεκτος, ο ειδωλολάτρης.

Αντίγραφο *ουσ.* Η αναπαραγωγή ενός έργου τέχνης από τον καλλιτέχνη που έφτιαξε και το πρωτότυπο. Ονομάζεται έτσι για να διακρίνεται από το «αντίγραφο» που κάνει κάποιος άλλος καλλιτέχνης. Όταν και τα δύο είναι το ίδιο πιστά, το ομοίωμα έχει μεγαλύτερη αξία, γιατί θεωρείται πως είναι πιο όμορφο απ' όσο δείχνει.

Αντίδικος *ουσ.* Αυτός που είναι έτοιμος να δώσει τη σάρκα του, με την ελπίδα πως θα σώσει τα κόκαλά του.

Αντιπάθεια *ουσ.* Το συναίσθημα που σου εμπνέει ο φίλος του φίλου σου.

Αντιπαράθεση *ουσ.* Μια από τις πολλές μεθόδους που μεταχειρίζονται οι ηλίθιοι για να χάσουν τους φίλους τους.

Αντίποινα *ουσ. πληθ.* Η φυσική βάση πάνω στην οποία θεμελιώθηκε ο Ναός του Δικαίου.

Αντιπολιτεύομαι *ρ.* Βοηθώ κωλυσιεργίες και ενστάσεις.

Αντιπολίτευση *ουσ.* Στην πολιτική, έτσι ονομάζεται το κόμμα που εμποδίζει την κυβέρνηση να τρέχει άσκοπα σαν τρελή, κόβοντας τους ιγνυακούς τένοντές[4] της.

Αντιπροσωπία *ουσ.* Στην αμερικανική πολιτική, αντιπροσωπία ονομάζεται ένα εμπορικό προϊόν που πουλιέται σε συσκευασίες των πολλών.

Αντοχή *ουσ.* Ιδιότητα του ανθρώπινου χεριού, που φαίνεται στην επαφή του με το κοινό νόμισμα. Η αντοχή φτάνει στο υψηλότερο σημείο της ανάπτυξής της, όταν πρόκειται για χέρι δημόσιου προσώπου με εξουσία, και θεωρείται σπουδαίο εφόδιο για μια πολιτική καριέρα.

Ανώμαλος *επίθ.* Αυτός που δεν ταιριάζει στα πρότυπα. Σε θέματα σκέψης και συμπεριφοράς, ανεξάρτητος σημαίνει ανώμαλος κι ανώμαλος, απόβλητος. Ως εκ τούτου, ο λεξικογράφος συνιστά κάθε δυνατή προσπάθεια να πλησιάσετε τα μέτρα του Μέσου Ανθρώπου, οπωσδήποτε πολύ περισσότερο από τον ίδιο. Όποιος τα καταφέρει, αποκτά γαλήνη, σιγουρεύει το θάνατό του και μπορεί να ελπίζει πως θα πάει στην Κόλαση.

Αξιοθρήνητος *επίθ.* Η κατάσταση ενός εχθρού ή αντίπαλου, μετά την φανταστική αναμέτρηση μαζί σου.

Αξιοπρέπεια *ουσ.* Ο καρπός της συνεύρεσης μιας φαλάκρας κι ενός τραπεζικού λογαριασμού.

Αξιότιμος *επίθ.* Αυτός που υποφέρει από περιορισμό του προσωπικού του βεληνεκούς. Στις αίθουσες των δικαστηρίων συνηθίζεται να προσφωνούνται όλοι αξιότιμοι. Σαν να λέμε: «Ο αξιότιμος κύριος είναι ένα ποταπό κοπρόσκυλο».

Απαγχονιστής *ουσ.* Ένας υπάλληλος της Δικαιοσύνης επιφορτισμένος με την άσκηση υψηλών καθηκόντων εξαιρετικής σπουδαιότητας και εκ παραδόσεως αντιπαθής σε μια πλεμπάγια, της οποίας ο πρόγονος ήταν εγκληματίας. Σε ορισμένες Πολιτείες της Αμερικής το ρόλο του τον παίζει πια ένας ηλεκτρολόγος.

Απαθής *επίθ.* Ο ανεπαρκώς ευαίσθητος στις επαρκώς αισθητές διαφορές μεταξύ των αντικειμένων.

Απαισιοδοξία *ουσ.* Φιλοσοφία, στην οποία εξοκείλει αναγκαστικά κάθε άνθρωπος, όταν απογοητεύεται από την επικράτηση των κακοσουλούπωτων ελπίδων και των αποτρόπαιων χαμόγελων των αισιόδοξων.

Άπαξ *επίρρ.* Αρκετά

Απαράδεκτο *επίθ.* Αυτό που δεν αξίζει αποδοχής. Αναφέρεται σε ένα είδος μαρτυρίας, στο οποίο οι ένορκοι θεωρούν πως δεν μπορούν να στηριχτούν και το οποίο οι δικαστές αποκλείουν από τα πρακτικά, ακόμη κι όταν είναι μόνοι.

Η έμμεση μαρτυρία είναι απαράδεκτη, επειδή το άτομο από το οποίο προέρχεται δεν έχει ορκιστεί και δεν είναι παρόν στο δικαστήριο, αν και πολλές βαρυσήμαντες ενέργειες, στρατιωτικές, πολιτικές, εμπορικές και άλλες συναφείς, αναλαμβάνουν καθημερινά την ευθύνη έμμεσων μαρτυριών. Δεν υπάρχει θρησκεία που να μη βασίζεται στην έμμεση μαρτυρία. Η Αποκάλυψη είναι έμμεση μαρτυρία, από τη στιγμή που η θεϊκή προέλευση των Ιερών Γραφών μας είναι γνωστή μόνο από τις μαρτυρίες ανθρώπων νεκρών εδώ και πάρα πολύ καιρό, των οποίων η ταυτότητα δεν είναι απόλυτα διαπιστωμένη και οι οποίοι δεν φαίνεται να ορκίστηκαν ενώπιον κάποιου. Με δεδομένους τους κανόνες περί απόδειξης που ισχύουν σ' αυτή τη χώρα [Η.Π.Α.], κανένας από τους ισχυρισμούς της Βίβλου δεν θα διέθετε το παραμικρό υποστηρικτικό στοιχείο, αν βρισκόταν ενώπιον του δικαστηρίου. Δεν μπορεί να αποδειχθεί πως έγινε η μάχη του Μπλενχάιμ[5], πως υπήρξε άνθρωπος που τον έλεγαν Ιούλιο Καίσαρα, και Αυτοκρατορία που την έφτιαξαν οι Ασσύριοι.

Όμως επειδή τα πρακτικά των δικών είναι παραδεκτά, μπορεί εύκολα να αποδειχθεί πως κάποτε υπήρξαν δυνατοί και κακοί μάγοι που μάστιζαν την ανθρωπότητα. Το τεκμήριο (συμπεριλαμβανομένης της ομολογίας) με βάση το οποίο ορισμένες γυναίκες καταδικάστηκαν για μαγεία και εκτελέστηκαν, δεν είχε το παραμικρό ψεγάδι. Ακόμη και σήμερα, είναι αδιαφιλονίκητο. Οι αποφάσεις των δικαστών, οι οποίες βασίστηκαν σε αυτό το τεκμήριο, υπήρξαν απόλυτα συγκροτημένες από λογική και νομική άποψη. Σε κανένα δικαστήριο – ούτε πριν ούτε μετά – δεν κατάφερε ν' αποδειχθεί οποιαδήποτε κατηγορία, με τη βεβαιότητα που αποδείχθηκαν οι κατηγορίες της μαγείας και της γητειάς, χάρη στις οποίες πέθαναν τόσοι άνθρωποι. Αν δεν υπήρχαν μάγισσες, η απόδειξη και η ανθρώπινη λογική θα έχαναν την αξία τους.

Απαρτία *ουσ.* Ο αριθμός των μελών που χρειάζεται ένα κοινοβουλευτικό σώμα, προκειμένου να έχει τη δύναμη ν' αποκτήσει δύναμη. Στη Γερουσία των Ηνωμένων Πολιτειών, η απαρτία αποτελείται από τον πρόεδρο της Οικονομικής Επιτροπής κι έναν κλητήρα του Λευκού Οίκου, ενώ στη Βουλή των Αντιπροσώπων, από έναν ομιλητή και το διάβολο.

Απαρχαιωμένο *επίθ.* Αυτό που δεν χρησιμοποιούν οι λιγόψυχοι. Συνήθως αποδίδεται σε λέξεις. Μόλις μια λέξη χαρακτηριστεί απαρχαιωμένη από οποιονδήποτε λεξικογράφο, γίνεται φόβος και τρόμος για κακό συγγραφέα. Όμως αν είναι ωραία και δεν υπάρχει κάποια πιο σύγχρονη που ν' αποδίδει με ακρίβεια το νόημά της, ο καλός συγγραφέας μπορεί να την αξιοποιήσει μια χαρά. Τελικά, δεν υπάρχει πιο ασφαλές κριτήριο για την ικανότητα ενός συγγραφέα από τη στάση του απέναντι στις «απαρχαιωμένες» λέξεις, εκτός από το ίδιο το έργο του φυσικά. Ένα λεξικό «απαρχαιωμένων» ή «ξεπερασμένων» λέξεων δεν θα ήταν μόνο ένας θησαυρός γλωσσικής εκφραστικότητας και σαφήνειας, αλλά επίσης κι ένα πολύτιμο βοήθημα για κάθε καλό συγγραφέα που μπορεί να μην είναι τόσο καλός συγγραφέας.

Απατεώνας *ουσ.* Ένας αντίπαλος που διεκδικεί δημόσιες τιμές.

Απειθαρχία *ουσ.* Το ασημένιο περίβλημα του σύννεφου της δουλείας.

Απειθαρχώ *ρ. μτβ.* Γιορτάζω με τον κατάλληλο τρόπο την επέτειο άνδρωσης μιας διαταγής.

Απελευθέρωση *ουσ.* Η αποτίναξη κάνα-δυο (μπορεί και λιγότερων) από τις απίστευτα πολλές μεθόδους καταπίεσης που χρησιμοποιεί η εξουσία. Η πολιτική κατάσταση της οποίας την απόλαυση κάθε χώρα θέλει να μονοπωλήσει. Ελευθερία. Η ακριβής διαφορά ανάμεσα στην Ελευθερία και την Απελευθέρωση δεν είναι γνωστή. Οι φυσιοδίφες δεν έχουν καταφέρει να αναλύψουν ζωντανό δείγμα του είδους αυτού.

Απερίσκεπτος *επίθ.* Αυτός που δεν αντιλαμβάνεται την αξία των συμβουλών μας.

Άπιστος *επίθ.* Στη Νέα Υόρκη, έτσι ονομάζεται αυτός που δεν είναι Χριστιανός. Στην Κωνσταντινούπολη, αυτός που είναι. Πρόκειται για ένα είδος παλιοτόμαρου εντελώς ανίκανου να σεβαστεί κι απόλυτα μίζερου για να συνδεθεί με εκκλησίες, πάπες, ιερείς, κανόνες, μοναχούς, μουλάδες, μάγους του Βουντού, πρεσβύτερους, ιεροφάντες, αρχιερείς, αφρικανούς μάγους, αβάδες, μοναχές, ιεραπόστολους, κηρύγματα, ιεροδιάκονους, καλόγερους, χατζήδες, αρχιμανδρίτες, μουεζίνηδες, βραχμάνους, θεραπευτές, εξομολογητές, καρδινάλιους, πατέρες, αρχιεπισκόπους, κανονικάτα, προσκυνητές, προφήτες, ιμάμηδες, κλήρους, επίτροπους, εφημέριους, επισκόπους, ηγούμενους, καθηγούμενους, ιεροκήρυκες, στρατιωτικούς ιερείς, ηγούμενες, βαϊοφόρους, υπεφημέριους, πατριάρχες, βουδιστές, αναχωρητές, άπορους, γραφές, πρεσβυτέρια, επισκοπές, πρωτοπρεσβύτερους, υποπρεσβύτερους, αγροτικούς ιερείς, Αμπντάλ[6], πωλητές ψαλμών, αρχιδιάκονους, ιεράρχες, μεθοδιστές, αξιωματούχους, εκκλησιαστικά συμβούλια, Σιχ, θεολόγους, δόκιμους, νομοδιδασκάλους, γκουρού, πρωτοψάλτες, εκκλησιάρχες, φακίρηδες, νεωκόρους, αιδεσιμότατους, διαφωτιστές, κοινοβιάτες, ισόβιους εφημέριους, σχολικοί ιερείς, μουτζάδες, αναγνώστες, βικάριους, πάστορες, ραβίνους, ουλεμάδες, λάμα, ιεροφύλακες, καντηλανάφτες, δερβίσηδες, αναγνώστες, επιτηρητές εκκλησιών, γερόντισσες, τοποτηρητές, παπαδάκια, ιερά καθήκοντα, σούφιδες, μουφτήδες και ταρατατζούμ-τζουμ-τζουμ!

Απόδειξη *ουσ.* Στοιχείο ελάχιστα προφανέστερο απ' όσο απίθανο. Οι καταθέσεις δύο αξιόπιστων μαρτύρων, σε αντίθεση με την κατάθεση ενός.

Αποκάλυψη *ουσ.* Διάσημο βιβλίο, στο οποίο ο Άγιος Ιωάννης ο Ευαγγελιστής έκρυψε όλα όσα γνώριζε. Η αποκάλυψή τους έγινε από τους σχολιαστές, οι οποίοι δεν γνώριζαν τίποτε.

Αποκατάσταση *ουσ.* Αποζημίωση χωρίς εξόφληση.

Αποκρύπτω *ρ. αμτβ.* Βάζω καθαρό πουκάμισο σ' ένα αποδεικτικό στοιχείο.

Απολογούμαι *ρ. αμτβ.* Θέτω τις βάσεις ενός μελλοντικού παραπτώματος.

Απόλυτος *επίθ.* Ανεξάρτητος, χωρίς ευθύνες. Στην απόλυτη μοναρχία, ο ανώτατος άρχοντας συμπεριφέρεται όπως του κάνει κέφι, όσον καιρό κάνει τα κέφια των δολοφόνων. Απόλυτες μοναρχίες δεν έχουν μείνει πολλές. Οι περισσότερες αντικαταστάθηκαν από περιορισμένες μοναρχίες, όπου η δύναμη του απόλυτου άρχοντα να κάνει το καλό - και το κακό - έχει υποστεί σημαντικές περικοπές, καθώς και από δημοκρατίες που κυβερνούνται στην τύχη.

Απόσταση *ουσ.* Το μόνο πράγμα που προσφέρουν πρόθημα οι πλούσιοι στους φτωχούς.

Αποστάτης *ουσ.* Μια βδέλλα που, αφού μπήκε στο καβούκι μιας χελώνας και διαπίστωσε πως το ζώο ήταν από καιρό νεκρό, θεωρεί σκόπιμο να ξαναδοκιμάσει με μια φρέσκια χελώνα.

Αποστόμωση *ουσ.* Η κατάλληλη υβριστική απάντηση. Χρησιμοποιείται από καθωσπρέπει κυρίους, οι οποίοι απεχθάνονται εξ ιδιοσυγκρασίας τη βία, αλλά έχουν έντονη τάση προς την προσβολή. Στον πόλεμο με λέξεις, έτσι ονομάζουμε την τακτική των Ινδιάνων της Βορείου Αμερικής.

Αποτέλεσμα *ουσ.* Το δεύτερο από δύο φαινόμενα που

συμβαίνουν πάντα μαζί και πάντα με την ίδια σειρά. Το πρώτο, που λέγεται Αιτία, φέρεται ως παραγωγός του δεύτερου, το οποίο είναι τόσο εμφανές όσο τουλάχιστον στην περίπτωση κάποιου που, επειδή ο μόνος σκύλος που έχει δει κυνηγούσε ένα λαγό, δηλώνει πως ο λαγός είναι η αιτία του σκύλου.

Αποτίναξη Ζυγού *ουσ.* Το πέρασμα ενός σκλάβου από την τυραννία του άλλου στο δεσποτισμό του εαυτού του.

Αποφασίζω *ρ. αμτβ.* Ενδίδω στην υπεροχή μιας σφαίρας επιρροής έναντι κάποιας άλλης.

Αποφασιστικός *επίθ.* Αυτός που επιμένει πεισματικά σε οτιδήποτε μας βρίσκει απόλυτα σύμφωνους.

Απόφθεγμα *ουσ.* Σοφία σε μορφή σκόνης.

Απρονοησία *ουσ.* Η κάλυψη των αναγκών του σήμερα με τα εισοδήματα του αύριο.

Απώλεια *ουσ.* Στέρηση αυτού που έχουμε ή δεν έχουμε. Στη δεύτερη περίπτωση, μπορούμε να πούμε πως κάποιος «έχασε τη βουλευτική θέση» του ή πως εκείνος ο ξεχωριστός άνθρωπος, ο ποιητής Γκίλντερ[7] «έχασε το νου του».

Αρένα *ουσ.* Στην πολιτική, έτσι ονομάζεται η φανταστική ποντικοφωλιά, στην οποία ο πολιτικός παλεύει με το παρελθόν του.

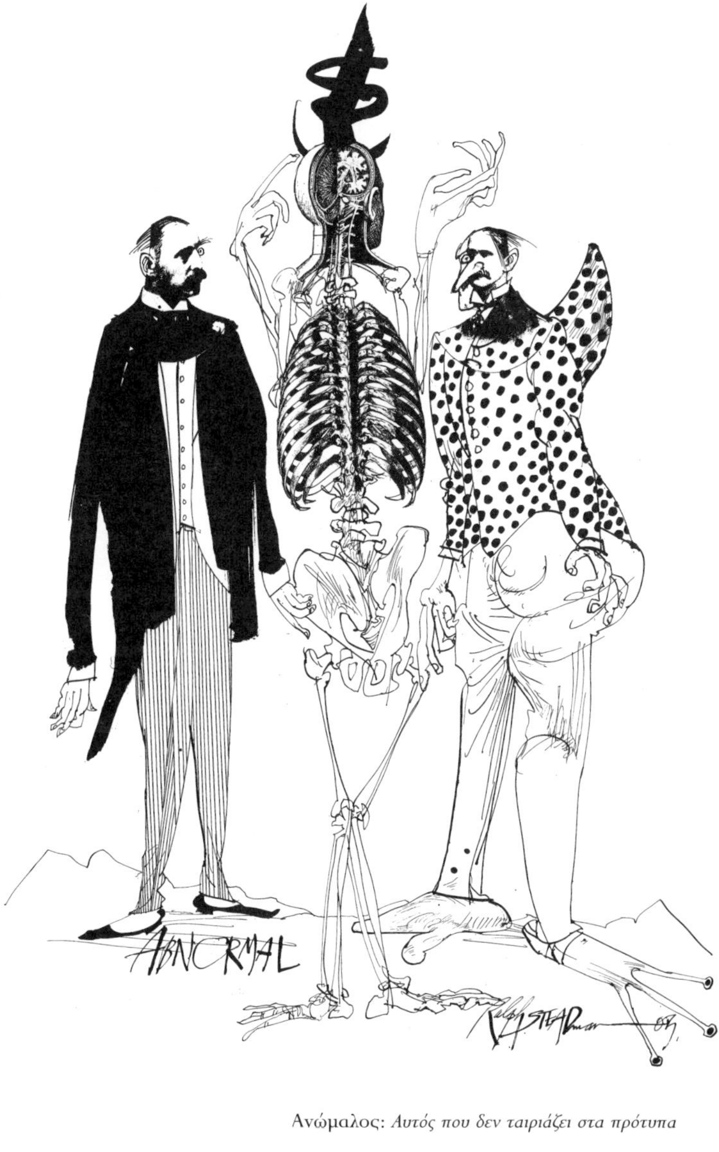

Ανώμαλος: *Αυτός που δεν ταιριάζει στα πρότυπα*

Αρετές *ουσ. πληθ.* Στερήσεις, στερήσεις και πάλι στερήσεις.

Αριστοκράτης *ουσ.* Το δώρο της φύσης στα αμερικανικά «πνεύματα» που φιλοδοξούν να απολαύσουν την κοινωνική διάκριση και να υποφέρουν την κοσμική ζωή.

Αριστοκρατία *ουσ.* Η διακυβέρνηση από τους καλύτερους: κάτι τύπους με μαλακά καπέλα και καθαρά πουκάμισα, ενόχους μορφώσεως και υπόπτους τραπεζικών λογαριασμών. Υπ' αυτή την έννοια, η λέξη είναι εντελώς απαρχαιωμένη_ το ίδιο και το σχετικό είδος διακυβέρνησης.

Αριστοκρατικός *επίθ.* Ο εκλεπτυσμένος. Ο ντυμένος σαν κύριος.

Αρκετά *επίθ.* Όλα όσα βρίσκονται στον κόσμο, αν τον βρίσκεις επαρκή .

Άροτρο *ουσ.* Εργαλείο που θρηνεί γοερά για τα χέρια που διέφθειρε η πένα.

Αρπακτικότητα *ουσ.* Η Θεία Πρόνοια χωρίς τη βιομηχανία. Η απόλυτη εξοικονόμηση δύναμης.

Αρραβωνιασμένος *παθ. μτχ.* Αυτός που είναι δεμένος με βέρα στη σιδερένια μπάλα του.

Αρσενικό *ουσ.* Μέλος του απερίσκεπτου ή ασήμαντου

φύλου. Το αρσενικό του ανθρωπίνου γένους είναι κυρίως γνωστό (στο θηλυκό) ως Νέτα-σκέτα Άνδρας. Το είδος έχει δύο ποικιλίες: καλοί προμηθευτές και κακοί προμηθευτές.

Αρχιεπίσκοπος *ουσ.* Αξιωματούχος της Εκκλησίας κατά ένα βαθμό αγιότερος από τον Επίσκοπο.

Αρχιερέας *ουσ.* Αξιωματούχος της Εκκλησίας με υψηλό βαθμό αγιότητας και παχυλή προαγωγή. Ένα μέλος της αριστοκρατίας του Παραδείσου. Ένας καθωσπρέπει κύριος του Θεού.

Αρχιμανδρίτης *ουσ.* Υψηλό εκκλησιαστικό αξίωμα, του οποίου τα πλεονεκτήματα περιφρόνησε ο ιδρυτής της θρησκείας μας.

Αρχισυντάκτης *ουσ.* Άτομο το οποίο συνδυάζει τις δικαστικές λειτουργίες του Μίνωα του Ραδάμανθυ και του Αιακού[8], αλλά μπορεί να εξευμενιστεί με κάποιο αντίκρισμα. Είναι αυστηρός και δίκαιος λογοκριτής, προσέτι δεν επί τοσούτον φιλεύσπλαχνος, ώστε να ανέχεται τις αρετές των άλλων και τα δικά του ελαττώματα. Αρχίζει κατσαδιάζοντας τους πάντες, εξακοντίζοντας γύρω του αναρίθμητες αστραπές κι εφιαλτικές βροντές, ώσπου να ξεσπάσει και να γίνει ένα μάτσο πυροτεχνήματα δεμένα στην ουρά ενός σκύλου. Ύστερα ησυχάζει απότομα κι αρχίζει να μουρμουρίζει ένα γλυκό, μελωδικό τραγούδι, ήρεμα-ήρεμα σαν γάιδαρος που κάνει την προσευχή του στον αποσπερίτη. Δάσκαλος όλων των μυστηρίων και κυρίαρχος του νόμου, καθισμένος ψηλά στο θρόνο του στοχασμού, με το πρόσωπο τυλιγμένο στο ζοφερό μεγαλείο της Μεταμόρφωσης, τα πόδια σταυρωτά και τη γλώσσα να ερευνά το εσωτερικό του στόματός του, ο Αρχισυντάκτης σκορπίζει τη βούλησή του στο χαρτί, κόβει και ράβει ώσπου να φέρει τα πάντα στα μέτρα της. Και κάπου πέρα, μακριά, πίσω απ' το παραπέτασμα του ναού, ακούγεται η φωνή του αρχιστοιχειοθέτη ν' απαιτεί οχτώ εκατοστά λεπτό χιούμορ και πέντε εκατοστά θρησκευτικού στοχασμού ή να τον διατάζει να κοντύνει τη σοφία και να προσθέσει λίγο πάθος.

Αρχιτέκτονας *ουσ.* Αυτός που κάνει το σχέδιο του σπιτιού σας και σχεδιάζει να την «κάνουν» τα λεφτά σας.

Αρχοντικός *επίθ.* Στην αρχή, αυτή η λέξη σήμαινε ευγενής εκ γενετής και χαρακτήριζε έναν αρκετά μεγάλο αριθμό ατόμων. Σήμερα σημαίνει ευγενής εκ φύσεως κι έχει σχεδόν αχρηστευτεί.

Άσπλαχνος *επίθ.* Ο προικισμένος με την ψυχική δύναμη να υποφέρει τις συμφορές που πλήττουν τους άλλους.

Αστάθεια *ουσ.* Η συνεχής επανάληψη μιας ενεργητικής αδυναμίας.

Άστεγος *επίθ.* Αυτός που πλήρωσε τους φόρους για την οικοσκευή.

Αστεροσκοπείο *ουσ.* Το μέρος στο οποίο οι αστρονόμοι απορρίπτουν τους ισχυρισμούς των προκατόχων τους.

Αστυνομία *ουσ.* Μια ακόμη συμμορία οπλοφόρων.

Ασυμβίβαστο *επίθ.* Αυτό που δεν μπορεί να υπάρξει, αν υπάρχει κάτι άλλο. Δυο πράγματα είναι ασυμβίβαστα όταν ο κόσμος διαθέτει αρκετό χώρο για το ένα, αλλά όχι και για τα δύο. Όπως π.χ. η ποίηση του Ουώλτ Ουΐτμαν [Walt Whitman,1819-1892] και το έλεος του Θεού προς τον άνθρωπο. Από μιαν άποψη, η ασυμβατότητα δεν είναι παρά ασυμφωνία αδέσποτη.

Ασύμφορο *επίθ.* Αυτό που δεν συνυπολογίζεται στην προώθηση των συμφερόντων κάποιου.

Ασυμφωνία *ουσ.* Στο γάμο, είναι η πλήρης ταυτότητα επιθυμιών, ιδίως της επιθυμίας για απόλυτη επιβολή. Ωστόσο, η ασυμφωνία μπορεί να πάρει τη μορφή μιας γηραιάς κυρίας με πράο βλέμμα που ζει παρακάτω στη γωνία. Ορισμένοι την έχουν δει και με μουστάκι.

Ασφάλεια *ουσ.* Ένα μεγαλοφυές σύγχρονο τυχερό παιχνίδι, στο οποίο ο παίκτης μπορεί να απολαύσει τη βολική ψευδαίσθηση πως κατατροπώνει αυτόν που κάνει «μάνα».

ΑΣΦΑΛΙΣΤΗΣ: Αγαπητέ κύριε, διαθέτετε ένα υπέροχο σπίτι. Επιτρέψτε μου, σας παρακαλώ, να το ασφαλίσω.

ΙΔΙΟΚΤΗΤΗΣ ΣΠΙΤΙΟΥ: Πολύ ευχαρίστως. Ορίστε, σας παρακαλώ, μια τόσο χαμηλή ετήσια δόση, ώστε αν το σπίτι, ο μη γένοιτο, καταστραφεί από φωτιά, τα χρήματα τα οποία θα εισπράξω θα είναι, σύμφωνα με τους υπολογισμούς των λογιστών σας, αισθητά περισσότερα από αυτά που ορίζει το συμβόλαιο.

ΑΣΦΑΛΙΣΤΗΣ: Μα όχι, αγαπητέ μου. Δεν έχουμε τη δυνατότητα να πραγματοποιήσουμε κάτι παρόμοιο. Πρέπει να ορίσουμε τις δόσεις, έτσι ώστε να έχετε καταβάλει περισσότερα.

ΙΔΙΟΚΤΗΤΗΣ ΣΠΙΤΙΟΥ: Μα για πιο λόγο να κάνω κάτι τέτοιο;

ΑΣΦΑΛΙΣΤΗΣ: Διότι το σπίτι σας μπορεί να καεί ανά πάσα στιγμή. Θα θυμάστε, λόγου χάρη, το σπίτι των Σμιθ, το οποίο...

ΙΔΙΟΚΤΗΤΗΣ ΣΠΙΤΙΟΥ: ΄Ελεος, αγαπητέ! Θα μπορούσα να αναφέρω το σπίτι των Μπράουν, το σπίτι των Τζόουνς και το σπίτι των Ρόμπινσον, τα οποία αντίθετα...

ΑΣΦΑΛΙΣΤΗΣ: ΄Ελεος εγώ, αγαπητέ μου!

ΙΔΙΟΚΤΗΤΗΣ ΣΠΙΤΙΟΥ: Κοιτάξτε, ας βάλουμε τα πράγματα στη θέση τους. Μου ζητάτε να σας πληρώσω για το ενδεχόμενο να συμβεί κάτι πριν από τη στιγμή που υποθέτετε πως θα συμβεί. Με άλλα λόγια θέλετε να στοιχηματίσω πως το σπίτι μου δεν θα κρατήσει όσο λέτε πως είναι πιθανό να κρατήσει.

ΑΣΦΑΛΙΣΤΗΣ: Μα αν καεί το σπίτι σας και δεν είναι ασφαλισμένο, θα βγείτε εντελώς ζημιωμένος.

ΙΔΙΟΚΤΗΤΗΣ ΣΠΙΤΙΟΥ: Δεν εννόησα το πνεύμα σας! Σύμφωνα με τους δικούς σας υπολογισμούς, όταν καεί το σπίτι, είναι πιθανό να διαθέτω ένα ποσό – το οποίο σε άλλη περίπτωση θα σας είχα καταβάλει – κατά πολύ μεγαλύτερο από αυτό που ορίζει το συμβόλαιο να πάρω. Ας υποθέσουμε, όμως, πως το σπίτι καίγεται πριν από τη στιγμή που υπολογίζετε πως θα συμβεί. Αν εγώ δεν μπορώ να επανορθώσω τη ζημιά, πώς θα μπορέσετε εσείς, υπό την προϋπόθεση βέβαια πως το έχω ασφαλίσει;

ΑΣΦΑΛΙΣΤΗΣ: Α, εμάς μας υποστηρίζουν τα συμβόλαια με άλλους πελάτες που δεν είναι ζημιογόνα. Στην πραγματικότητα, αυτοί πληρώνουν τη ζημιά σας.

ΙΔΙΟΚΤΗΤΗΣ ΣΠΙΤΙΟΥ: Τότε, στην πραγματικότητα, εγώ δεν σας βοηθάω να πληρώσετε τις δικές τους ζημιές; Δεν υπάρχει περίπτωση να καούν τα σπίτια τους – όπως και το δικό μου – πριν προλάβουν να σας δώσουν όσα χρήματα τους ζητάτε; Άρα τα πράγματα έχουν ως εξής: ελπίζετε να πάρετε από τους πελάτες σας περισσότερα χρήματα από αυτά που θα τους δώσετε, έτσι δεν είναι;

ΑΣΦΑΛΙΣΤΗΣ: Φυσικά. Αν δεν το κάναμε αυτό...

ΙΔΙΟΚΤΗΤΗΣ ΣΠΙΤΙΟΥ: ...δεν θα σας εμπιστευόμουν τα χρήματά μου. Καλά λοιπόν! Αν είναι βέβαιο πως οι πελάτες σας, σαν σύνολο, θα χάσουν χρήματα, τότε είναι «πιθανό» πως θα χάσει και «καθένας» από αυτούς, σαν «άτομο». Όλες αυτές οι επιμέρους πιθανότητες κάνουν το σύνολο βέβαιο.

ΑΣΦΑΛΙΣΤΗΣ: Δεν θα διαφωνήσω, αλλά ρίξτε μια ματιά στους υπολογισμούς που βρίσκονται σ' αυτό το φυλλάδιο.

ΙΔΙΟΚΤΗΤΗΣ ΣΠΙΤΙΟΥ: Θεός φυλάξοι!

ΑΣΦΑΛΙΣΤΗΣ: Μιλήσατε για χρήματα που, αν δεν τα δίνατε σε μας, θα τα είχατε στη διάθεσή σας. Το πιθανότερο δεν θα ήταν να τα σπαταλήσετε; Εμείς σας προσφέρουμε τη δυνατότητα μιας σωστής διαχείρισης.

ΙΔΙΟΚΤΗΤΗΣ ΣΠΙΤΙΟΥ: Η προθυμία κάποιου να φροντίσει τα χρήματα κάποιου άλλου, κάθε άλλο παρά ασυνήθιστη είναι στις ασφαλιστικές εταιρίες, όμως εσείς σαν φιλανθρωπικό ίδρυμα, αξίζετε πραγματική εκτίμηση. Ευδοκήστε να δεχθείτε τη βαθύτερα αισθήματα εκτίμησης ενός Άξιου Ευνοουμένου σας.

Ασχήμια *ουσ.* Δώρο των θεών σε ορισμένες γυναίκες, που κατακτούν την αρετή χωρίς ταπεινοφροσύνη.

Ατιμωρησία *ουσ.* Πλούτος

Ατύχημα *ουσ.* Αναπόφευκτο γεγονός, που οφείλεται στη δράση σταθερών φυσικών νόμων.

Ατυχία *ουσ.* Το είδος της τύχης που δεν ατυχεί ποτέ.

Αυγή *ουσ.* Η ώρα που πηγαίνουν για ύπνο οι λογικοί άνθρωποι. Ορισμένοι γέροι προτιμούν να σηκώνονται τέτοια ώρα, να παίρνουν ένα κρύο μπάνιο και να κάνουν μακρινούς περιπάτους με άδειο στομάχι. Δηλαδή, να ταπεινώνουν το σαρκίο τους. Ύστερα επισημαίνουν με ιδιαίτερη υπερηφάνεια το γεγονός πως η καλή υγεία και η προχωρημένη ηλικία τους οφείλονται σ' αυτές τις συνήθειες. Στην πραγματικότητα, είναι γέροι και γεροί, όχι λόγω των συνηθειών τους, αλλά σε πείσμα τους. Το γεγονός πως συναντάμε μόνο ρωμαλέα άτομα να επιδίδονται σε τέτοιες πρακτικές, οφείλεται στο ό,τι οι υπόλοιποι τα τίναξαν προσπαθώντας να τις εφαρμόσουν.

Αυτής *αντων.* Αυτού.

Αυτονόητο *επίθ.* Αυτό που είναι προφανές για μας και για κανέναν άλλο.

Αυτοσεβασμός *ουσ.* Μια λανθασμένη αξιολόγηση.

Αφανισμός *ουσ.* Το πρωτογενές υλικό με το οποίο η θεολογία έφτιαξε το μέλλον.

Αφέλεια *ουσ.* Αξιολάτρευτο χαρακτηριστικό που οι

γυναίκες κατορθώνουν ν' αποκτήσουν μετά από επισταμένη μελέτη και αρκετή πρακτική εφαρμογή πάνω στους θαυμαστές τους, οι οποίοι κατενθουσιάζονται, βλέποντας πόσο μοιάζουν με τ' αγνά παιδάκια τους.

Αφηρημάδα *ουσ.* Το δώρο που έδωσε ο Θεός στους γιατρούς για να αναπληρώσει την πλήρη έλλειψη συνείδησης.

Άφιλος *ουσ.* Αυτός που δεν έχει «άκρες» για να δώσει και σε άλλον. Αυτός που δεν του περισσεύει τύχη. Ο εθισμένος στη διατύπωση της αλήθειας και την απλή λογική.

Αφοσίωση *ουσ.* Η πνευματική στάση του ανθρώπου απέναντι στο Θεό και του σκύλου απέναντι στον άνθρωπο.

Αφρικανός *ουσ.* Ο αράπης που ψηφίζει ό,τι ψηφίζουμε.

Αχάριστος *επίθ.* Αυτός που αποκομίζει όφελος από κάποιον άλλο ή γίνεται αντικείμενο χάριτος.

Αχόρταγος *επίθ.* Αυτός που γλιτώνει από τις βλαβερές συνέπειες της εγκράτειας, καταφεύγοντας στη δυσπεψία.

Αστεροσκοπείο: *Το μέρος στο οποίο οι αστρονόμοι απορρίπτουν τους ισχυρισμούς των προκατόχων τους.*

Βάκχος *ουσ.* Χρηστική θεότητα, που την επινόησαν οι αρχαίοι σαν δικαιολογία για τα ακατάσχετα μεθύσια τους.

Βάπτισμα *ουσ.* Ιερό μυστήριο τόσο δραστικό, ώστε όποιος βρεθεί στους ουρανούς, αβάπτιστον, θα είναι για πάντα δυστυχισμένος. Χρειάζεται νερό και γίνεται με δύο τρόπους: βούλιαγμα ή σπρωξιά, ψυχρολουσία ή μπουγέλωμα.

Βαρετός *επίθ.* Αυτός που μιλάει την ώρα που σκέφτεσαι "πότε θα σταματήσει επιτέλους".

Βαρόμετρο *ουσ.* Πανέξυπνο όργανο που δείχνει τι καιρό ήδη έχουμε.

Βασιλιάς *ουσ.* Άνδρας γνωστός στην Αμερική συνήθως σαν «εστεμμένη κεφαλή», αν και δεν έχει στέμμα και τις περισσότερες φορές ούτε κεφάλι για να μας πει ποιος είναι.

Βασίλισσα *ουσ.* Η γυναίκα η οποία κυβερνά ένα Βασίλειο όταν υπάρχει βασιλιάς και από την οποία κυβερνάται όταν δεν υπάρχει.

Βασκανία *ουσ.* Το αρχαίο πρότυπο της σύγχρονης πολιτικής επιρροής..

Βάτραχος *ουσ.* Μια σαύρα με φαγώσιμα πόδια.

Βέβαιος *επίθ.* Γελασμένος με όλη τη δύναμη της φωνής του.

Βήμα *ουσ.* Στην Αμερική, είναι το μέρος από το οποίο κάποιος υποψήφιος για δημόσιο αξίωμα μιλάει με πάθος για τη σοφία, την αρετή και τη δύναμη του όχλου.

Βιαστικός *επίθ.* Προδόρπιος.

Βιασύνη *ουσ.* Η αποστολή του μαστροχαλαστή.

Βιολί *ουσ.* Όργανο που γαργαλάει τ' ανθρώπινα αυτιά, τρίβοντας ουρά αλόγου σε άντερα γάτας.

Βλάκας *επίθ.* Αυτός που εισβάλει στην επικράτεια της θεωρητικής σκέψης κι εξαπλώνεται σε κάθε γωνιά της ηθικής πράξης. Είναι πανούργος, παντοειδής, παντογνώστης, πανεπιστήμων, παντοδύναμος. Αυτός τάχα εφηύρε τα γράμματα, την τυπογραφία, το σιδηρόδρομο, το ατμόπλοιο, τον τηλέγραφο, την κοινοτοπία και τις επιστήμες. Αυτός έπλασε τον πατριωτισμό και δίδαξε στα έθνη τον πόλεμο. Αυτός δημιούργησε τη θεολογία, τη φιλοσοφία, τη νομική, την ιατρική και το Σικάγο. Αυτός καθιέρωσε τη μοναρχία και τη δημοκρατία. Υπάρχει από πάντα και θα υπάρχει πάντα. Όπως ήταν στην αυγή της δημιουργίας, έτσι είναι και σήμερα, έτσι χαζολογάει ακόμη. Το ξημέρωμα του χρόνου τον βρήκε να τραγουδάει στους πρωτόγονους λόφους. Το μεσημέρι της ύπαρξης τον είδε πρώτο–πρώτο στη μεγάλη πορεία σχηματισμού του Είναι. Σαν την καλή γιαγιά, σηκώνει το ζεστό του χέρι κι ανάβει τον ήλιο του πολιτισμού. Μόλις αρχίσει να σκοτεινιάζει ετοιμάζει το βραδινό του Ανθρώπου: γάλα με μπόλικη ηθική κι ετοιμάζει τα στρωσίδια του παγκόσμιου τάφου. Κι όταν εμείς οι άλλοι βυθιζόμαστε στη νύχτα της λήθης, εκείνος ξαγρυπνά γράφοντας την ιστορία του παγκόσμιου πολιτισμού.

Βλακεία *ουσ.* Αυτό το «δώρο εξ ουρανού», αυτό το «Θείο χάρισμα» του οποίου η δημιουργική και λογική δύναμη διακατέχει την ανθρώπινη σκέψη, οδηγεί τις πράξεις μας και κοσμεί τη ζωή μας.

Βλήμα *ουσ.* Ο τελικός κριτής στις διεθνείς διαφορές. Παλιότερα αυτές οι διαφορές επιλύονταν με τη φυσική, προσωπική επαφή των διαφωνούντων, οι οποίοι χρησι-

Βλάκας: *Όταν εμείς βυθιζόμαστε στη νύχτα της λήθης, εκείνος ξαγρυπνά γράφοντας την ιστορία του παγκόσμιου πολιτισμού.*

μοποιούσαν τα απλά επιχειρήματα, που τους προσέφερε η στοιχειώδης λογική της εποχής τους: σπαθί, ακόντιο και τα συναφή. Καθώς η σύνεση κυριαρχούσε βαθμιαία στα στρατιωτικά ζητήματα, το βλήμα γινόταν όλο και πιο δημοφιλές, ώσπου να φτάσει σήμερα να κατέχει την πρώτη θέση στην εκτίμηση των γενναίων. Το κύριο μειονέκτημά του είναι πως απαιτεί προσωπική παρουσία του ήρωα στο σημείο εκτόξευσής του.

Βοτανολογία *ουσ.* Η επιστήμη των φυτών – αυτών που δεν τρώγονται, αλλά κι αυτών που τρώγονται. Ασχολείται κατά κόρον με τα λουλούδια. Κυρίως, αυτά που είναι άσχημα, έχουν απαίσιο χρώμα και βρωμάνε μέχρι λιποθυμίας.

Βουλή *ουσ.* Ομάδα ανθρώπων που συγκεντρώνονται για να καταργήσουν νόμους.

Γαλοπούλα *ουσ.* Ένα μεγάλο πουλί, του οποίου το κρέας όταν καταναλώνεται σε διάφορες γιορτές και επετείους, έχει την παράξενη ικανότητα να εκδηλώνει συναισθήματα πίστης κι ευγνωμοσύνης. Παρεμπιπτόντως, είναι νόστιμο.

Γάμος *ουσ.* Τελετή στην οποία δύο άτομα αναλαμβάνουν την ευθύνη να γίνουν ένα, το ένα τίποτα και το τίποτα ανεκτό.

Γάτα *ουσ.* Ένα μαλακό και ιδιαίτερα ανθεκτικό αυτορυθμιζόμενο μηχάνημα, προορισμένο από τη φύση ν' αρπάζει κλωτσιές, όταν τα πράγματα στο σπίτι δεν πηγαίνουν καλά.

Γείτονας *ουσ.* Αυτός τον οποίο, σύμφωνα με τις δέκα εντολές, πρέπει να αγαπάμε σαν τον εαυτό μας, αλλά είναι εντελώς ανυπάκουος.

Γέλιο *ουσ.* Εσωτερικός σπασμός, ο οποίος προκαλεί παραμόρφωση των χαρακτηριστικών του προσώπου και συνοδεύεται από άναρθρες κραυγές. Είναι μεταδοτικό και, παρόλο που τα συμπτώματά του υποχωρούν κατά καιρούς, δεν θεραπεύεται.

Γελωτοποιός *ουσ.* Ένας υπάλληλος που αποτελούσε παλαιότερα μέρος της οικοσκευής του βασιλιά. Δουλειά του ήταν να διασκεδάζει την αυλή με αστεία καμώματα και λόγια, ο παραλογισμός των οποίων αναδεικνυόταν κυρίως από την παρδαλή στολή που φορούσε. Αντίθετα, ο βασιλιάς ήταν ντυμένος με μεγαλοπρέπεια κι έτσι μας πήρε κάμποσους αιώνες για ν' ανακαλύψουμε πως η συμπεριφορά του και οι αποφάσεις του ήταν αρκετά γελοίες, ώστε να διασκεδάσουν όχι μόνο την αυλή, μα κι ολόκληρη την ανθρωπότητα.

Γενεαλογία *ουσ.* Η έκθεση της καταγωγής κάποιου από έναν πρόγονο που δεν φρόντισε να ψάξει για το δικό του.

Γενειάδα *ουσ.* Οι τρίχες που συνήθως κόβουν όσοι δίκαια απεχθάνονται την παράλογη συνήθεια των Κινέζων να ξυρίζουν το κεφάλι τους.

Γενναιοδωρία *ουσ.* Η απλοχεριά με την οποία αυτός που έχει τα πάντα επιτρέπει σæ αυτόν που δεν έχει τίποτε να προσπαθήσει μήπως κι αποκτήσει κάτι.

Γέννηση *ουσ.* Η πρώτη και πιο αγαπημένη μας συμφορά.

Γερατειά *ουσ.* Η περίοδος της ζωής μας, στη διάρκεια της οποίας περιορίζουμε τα ελαττώματά μας, αποκηρύσσοντας εκείνα που δεν το λέει η περδικούλα μας να έχουμε πια.

Γεωγράφος *ουσ.* Ο τύπος που μπορεί να σου πει αμέσως ποια είναι η διαφορά ανάμεσα στο απέξω και το από μέσα του κόσμου

Γεωλογία *ουσ.* Η επιστήμη του γήινου φλοιού, στην οποία θα πρέπει – το δίχως άλλο - να προσθέσουμε και τη μελέτη του εσωτερικού της γης, οσάκις κάποιος τσαρλατάνος βγαίνει από ένα πηγάδι. Οι γεωλογικοί σχηματισμοί που έχουν παρατηρηθεί στον πλανήτη μας περιλαμβάνουν: Τον Πρωτογενή ή κατώτερο, που αποτελείται από βράχια, κόκαλα βουλιαγμένων στους βάλτους μουλαριών, αγωγούς φωταερίου, εργαλεία μεταλλωρύχων, αρχαία αγάλματα χωρίς μύτη, ισπανικά Δουβλόνια[9] και διάφορους προγόνους. Ο Δευτερογενής αποτελείται κυρίως από κόκκινα σκουλήκια και τυφλοπόντικες. Ο Τριτογενής περιέχει σιδηροδρομικές γραμμές, στρωμένους δρόμους, χορτάρια, φίδια, πανάθλιες μπότες, μπουκάλια μπίρας, κονσερβοκούτια από τοματοπολτό, μεθυσμένους πολίτες, σκουπίδια, αναρχικούς, μουρνταρόσκυλα και βλάκες.

Γη *ουσ.* Ένα τμήμα της επιφανείας του πλανήτη μας, το οποίο θεωρείται περιουσία. Η θεωρία σύμφωνα με την οποία ένα κομμάτι γης είναι ατομική περιουσία υποκείμενη στον αποκλειστικό έλεγχο του ιδιοκτήτη, αποτελεί το θεμέλιο της σύγχρονης κοινωνίας και εκτιμάται δεόντως από τους θεσμούς μας. Σύμφωνα με τις λογικές συνέπειες αυτής της θεωρίας, ο καθένας έχει δικαίωμα να εμποδίζει τους άλλους να ζήσουν, γιατί το δικαίωμα να κατέχεις περιλαμβάνει κατά κύριο λόγο το δικαίωμα να κατακτάς και, στην πραγματικότητα, οι νόμοι για την καταπάτηση γης θεσπίζονται μόνον εκεί που αναγνωρίζεται η ιδιοκτησία της. Αυτό σημαίνει πως αν όλη η terra firma [καλλιεργήσιμη γη] ανήκει στους Α, Β και Γ, δεν μένει χώρος για να γεννηθούν οι Δ, Ε, Ζ και Η, ή να επιβιώσουν στην περίπτωση που θα γεννηθούν σαν καταπατητές.

Γιάνκης *[< αγγλ.Yankee[10]] ουσ.* Ο Αμερικανός στην Ευρώπη. Ο κάτοικος της Νέας Αγγλίας στις Βόρειες Πολιτείες των Η.Π.Α. Στις Νότιες Πολιτείες, η λέξη είναι άγνωστη.

Γιατρός *ουσ.* Αυτός στον οποίο εναποθέτουμε τις ελπίδες μας όταν είμαστε άρρωστοι, και τα σκυλιά μας όταν είμαστε καλά.

Γιουνιβερσαλιστής[11] *ουσ.* Αυτός που αποποιείται το πλεονέκτημα να πάνε στην Κόλαση οι αλλόθρησκοι.

Γκνου *ουσ.* Ζώο της Νότιας Αφρικής, που όταν εξημερωθεί μοιάζει με ένα άλογο, ένα Βίσονα κι ένα αρσενικό ελάφι. Σε άγρια κατάσταση είναι κάτι σαν κεραυνός, σεισμός και κυκλώνας μαζί.

Γκουλ *ουσ. [< αγγλ. Ghoul]* Ένας δαίμονας που έχει την ποταπή συνήθεια να κατασπαράζει τους νεκρούς. Η ύπαρξη των Γκουλ έχει αμφισβητηθεί από εκείνο το είδος αντιρρησιών που ενδιαφέρονται περισσότερο να στερήσουν τον κόσμο από τις παρήγορες πεποιθήσεις του, παρά να τις αντικαταστήσουν με άλλες καλύτερες.

Γλείφτης *ουσ.* Εξαιρετικά χρήσιμος λειτουργός και όχι σπάνια αρχισυντάκτης. Σαν αρχισυντάκτης συνδέεται στενά με τον εκβιαστή και κατά καιρούς ταυτίζεται απόλυτα, γιατί στην πραγματικότητα ο γλείφτης δεν είναι παρά ο εκβιαστής από την άλλη πλευρά, παρόλο που συχνά ο δεύτερος απαντάται και ως ξεχωριστό είδος. Ο γλείφτης είναι πιο βδελυρός από τον εκβιαστή, ακριβώς γιατί η δουλειά ενός ατόμου εμπιστοσύνης είναι πιο βδελυρή από τη δουλειά ενός ληστή των δρόμων. Και ο παραλληλισμός αυτός τυγχάνει να είναι απόλυτα σωστός, δεδομένου ότι ο ληστής μόνο θα σε ληστέψει – αν τελικά σε ληστέψει. Ο μπαμπέσης όμως θα σε λεηλατήσει στην κυριολεξία, μόλις βρει την ευκαιρία.

Γλώσσα *ουσ.* Η μουσική με την οποία γοητεύουμε τα ερπετά που φυλάνε το θησαυρό κάποιου άλλου.[12]

Γνόμος[13] *ουσ.* Σύμφωνα με τη μυθολογία της Βόρειας Ευρώπης, ο Γνόμος είναι ένα νανοειδές δαιμόνιο που ζει μέσα στη γη και προστατεύει ολόκληρους θησαυρούς από πολύτιμα μέταλλα. Ο Μπγιόρσεν, που πέθανε το 1765, λέει πως, όταν ήταν παιδί, οι νότιες περιοχές της Σουηδίας ήταν γεμάτες Γνόμους και πως την ώρα που έπαιρνε να νυχτώνει τους έβλεπε συχνά να τρέχουν πάνω στους λόφους. Ο Λούντβιχ Μπίνκερχουφ είδε τρεις τέτοιους στο Μπλακ Φόρεστ, σχετικά πρόσφατα, το 1792, κι ο Σνιντέκερ διατείνεται πως το 1803 εξόρυξαν μια αρκετά μεγάλη ποσότητα μεταλλεύματος από κάποιο ορυχείο της Σιλεσίας[14]. Με βάση τις παραπάνω μαρτυρίες, θα πρέπει να υποθέσουμε πως οι Γνόμοι εξαφανίστηκαν το νωρίτερο το 1764.

Γνωριμία *ουσ.* Κάθε πρόσωπο το οποίο γνωρίζουμε αρκετά για να μας δανείσει, αλλά όχι τόσο καλά για να του δανείσουμε. Μια γνωριμία λέγεται "ασήμαντη" όταν ο φίλος είναι φτωχός ή παρακατιανός και "στενή" όταν ο φίλος είναι πλούσιος ή διάσημος.

Γουόλ Στρητ *[<αγγλ.Wall Street] ουσ.* Σύμβολο αμαρτίας που βρίσκεται μονίμως στο στόχαστρο κάθε λογής δαίμονα. Η άποψη πως η Γουόλ Στρητ είναι φωλιά κλεφτών, προσφέρει στους αποτυχημένους κλέφτες την ελπίδα για μια θέση στον Παράδεισο. Ακόμη κι ο μέγας και τρανός

Άντριου Κάρνετζυ [Andrew Carnegie, 1835-1919] ομολόγησε πως διατηρούσε την ίδια ελπίδα.[15]

Γουρούνι *ουσ.* Ζώο – Porcus omnivorus [Χοίρος ο παμφάγος] – ιδιαίτερα παρεμφερές με τον άνθρωπο, λόγω της αίγλης και της ζωντάνιας των γευστικών προτιμήσεών του, οι οποίες έχουν οπωσδήποτε μικρότερο εύρος, αφού δεν συμπεριλαμβάνουν τα γουρούνια.

Γραμματική *ουσ.* Σύστημα λακκουβών, σκαμμένων με ιδιαίτερη πνευματική επιμέλεια στο δρόμο του αυτοδημιούργητου άνδρα για την επιτυχία.

Γραφές *ουσ.* Τα ιερά βιβλία της αγίας ημών Πίστεως, που είναι εντελώς διαφορετικά από τα ψεύτικα και βέβηλα κείμενα στα οποία βασίζονται όλες οι άλλες θρησκείες.

Γυναίκα *ουσ.* Είδος ζώου που συνήθως ζει κοντά στον Άνδρα, αλλά εξημερώνεται πολύ δύσκολα, γιατί η κοινωνικότητά του είναι υποτυπώδης. Υποτυπώδης είναι και η ικανότητά του να εκτελεί εντολές, όπως επισημαίνουν όλοι οι παλιοί ζωολόγοι, προσθέτοντας ότι η αδυναμία αυτή οφείλεται στο γεγονός πως κάποτε ήταν ζώο μοναχικό. Από την άλλη, οι φυσιοδίφες που μελετούν τη μεταφεμινιστική περίοδο, δεν φαίνεται να γνωρίζουν τίποτε γι' αυτή τη μοναχική κατάσταση κι απορρίπτουν το συγκεκριμένο χαρακτηριστικό, διαβεβαιώνοντάς μας πως η γυναίκα δεν έχει αλλάξει καθόλου από τον πρώτο καιρό της δημιουργίας. Το είδος έχει τη μεγαλύτερη εξάπλωση απ' όλα τα αρπακτικά. Λυμαίνεται όλα τα κατοικημένα μέρη του πλανήτη μας, από τα τολμηρά βουνά της Γροιλανδίας, μέχρι τη σεμνές ακτές της Ινδίας. Το λαϊκό προσωνύμιο του πλάσματος (Λυκάνθρωπος) είναι εντελώς λανθασμένο. Στην πραγματικότητα ανήκει στα αιλουροειδή. Η γυναίκα είναι λυγερή και βαδίζει πολύ χαριτωμένα – ιδίως η αμερικανική ποικιλία felis pugnans [Αγριόγατα η Επιθετική] – είναι παμφάγα και μπορεί να εκπαιδευτεί να μη μιλάει.

Γκνου: *Κάτι σαν κεραυνός, σεισμός και κυκλώνας μαζί*

Δασμολόγιο *ουσ.* Κλίμακα φόρων για τα εισαγόμενα προϊόντα, η οποία σκοπό έχει να προφυλάξει τους εντόπιους παραγωγούς από την πλεονεξία των καταναλωτών.

Δάφνη *ουσ.* Laurus, στα λατινικά. Φυτό αφιερωμένο στον Απόλλωνα. Παλαιότερα το καταμαδούσαν για να στεφανώσουν τα μέτωπα των νικητών και ορισμένων ποιητών που αποκτούσαν επιρροή στη βασιλική αυλή. [Βλέπε επόμενο λήμμα].

Δαφνοστεφής *επίθ.* Στεφανωμένος με φύλλα δάφνης. Στην Αγγλία, ο Δαφνοστεφής Ποιητής [Poet Laureate[16]] είναι υπάλληλος της βασιλικής αυλής. Χορεύει το χορό του θανάτου[17] σε κάθε βασιλική γιορτή και ψάλλει στα μουγκά σε κάθε βασιλική κηδεία.

Δείκτης *ουσ.* Το δάχτυλο με το οποίο συνήθως δείχνουμε δύο κακοποιούς.

Δεινοθήριο *ουσ.*Εξαφανισμένο είδος παχύδερμου που ζούσε την εποχή που ήταν στη μόδα ο Πτεροδάκτυλος. Αυτός ο Πτεροδάκτυλος ήταν Ιρλανδός και το όνομά του προφερόταν Τέρυ Δάκτυλ ή Πήτερ Ο' Δάκτυλ, αλλά από στόμα σε στόμα κι από τύπωμα σε τύπωμα άλλαξε.

Δεκάλογος *ουσ.* Σύνολο δέκα εντολών, που είναι αρκετές για να διαλέξεις ποια θα τηρήσεις, αλλά όχι τόσες πολλές ώστε να δυσκολευτείς στην επιλογή. Ακολουθεί μια αναθεωρημένη έκδοση του Δεκάλογου υπό αυτή την προοπτική:

Άλλο Θεό από μένα μην ακούς.
Είναι ακριβό, πολύ ακριβό να 'χεις πολλούς.
Μη φτιάχνεις είδωλα κι εικόνες, επειδή
θα σου τα σπάσει ο Ινγκερσόλ[18] μόλις τα δει.
Μην αναφέρεις του Θεού τ' όνομα όποτε να 'ναι,
μόνον όταν τα λόγια σου βαραίνουν και μετράνε.

Στον πειρασμό της εργασίας το Σάββατο μην μπαίνεις.
Στο γήπεδο όμως να πηγαίνεις.
Τους γονείς σου να τιμάς όσο μπορείς,
γιατί έκαναν συμφέρουσα ασφάλεια ζωής.

Μη σκοτώσεις και φονιά μη δικαιώσεις,
το χασάπη σου ποτέ να μην πληρώσεις.
Μη φιλήσεις τη γυναίκα αλλουνού,
εκτός κι αν η δική σου του κλείσει ραντεβού.
Μην κλέψεις. Δεν θα βγάλεις κάτι
της προκοπής. Θέλει οργάνωση η απάτη.
Μην ψευδορκείς, είναι ευτελές.
Καλύτερα «Άκουσα να λέγεται...» να λες.
Κρύβε τα ελλείμματα σου.
Πώς; Θα βρεις: Σκέψου, φαντάσου.

Δέντρο *ουσ.* Ένα ψηλό φυτό προορισμένο από τη φύση να χρησιμεύει ως εκτελεστής ποινών, μολονότι τις περισσότερες φορές, λόγω κάποιας ολέθριας νομικής ανωμαλίας, από τα δέντρα κρέμεται μόνον ένας – ή κανένας - ασήμαντος καρπός. Όταν καρπίζει κανονικά, το δέντρο είναι πραγματική ευλογία για τον πολιτισμό και σημαντικός παράγοντας δημόσιας ηθικής. Στην αυστηρή Δύση και τον ευαίσθητο Νότο, τόσο οι μαύροι όσο και οι λευκοί καρποί, ικανοποιούν το δημόσιο αίσθημα και παρόλο που δεν εξάγονται συνεισφέρουν σημαντικά στη γενική ευημερία.

Δευτέρα *ουσ.* Στις χώρες που ακολουθούν το χριστιανικό ημερολόγιο, είναι η μέρα μετά το ποδοσφαιρικό ματς.

Δήμαρχος *ουσ.* Ένας ιδιαίτερα επιτήδειος εγκληματίας, που καλύπτει τις κρυφές απάτες του με τις φανερές.

Δημηγορία *ουσ.* Ο λόγος του πολιτικού αντιπάλου σου, γνωστού ως Δημηγορίλα.

Δημοκρατία *ουσ.* Ένα έθνος στο οποίο, επειδή αυτός που κυβερνά είναι ο ίδιος μ' αυτόν που κυβερνιέται, η μόνη επιτρεπόμενη εξουσία είναι η επιβολή της προαιρετικής υποταγής. Στη δημοκρατία, η δημόσια τάξη στηρίζεται στην όλο και χαλαρότερη τάση υποταγής που κληρονομήσαμε από τους προγόνους μας, οι οποίοι κυβερνούνταν από άλλους και υποτάσσονταν επειδή έτσι έπρεπε. Υπάρχουν πολλά είδη δημοκρατιών και πολλές διαβαθμίσεις ανάμεσα στο δεσποτισμό από τον οποίο προήλθαν και την αναρχία προς την οποία κατευθύνονται.

Δημοπράτης *ουσ.* Ο άνθρωπος που διαλαλεί μ' ένα σφυρί πως άδειασε μια τσέπη με τη γλώσσα του.

Δημοσιογράφος *ουσ.* Ένας συγγραφέας που, υποθέτοντας πως βρίσκεται στο δρόμο για την αλήθεια, χάνεται σε μια θύελλα λέξεων.

Δημοψήφισμα *ουσ.* Λαϊκές εκλογές, για να διαπιστωθεί τι θέλει η κυβέρνηση.

Δημοψήφισμα Διερευνητικό[19] *ουσ.* Νόμος για την υποβολή ενός κατατεθειμένου νομοσχεδίου στη λαϊκή ψήφο, ώστε να διαπιστωθεί η ανικανότητα των πολιτών να κρίνουν.

Διαβάλλω *ρ. μτβ.* Αποδίδω κακόβουλα σε άλλον τις αποτρόπαιες πράξεις που δεν είχα το θάρρος ή την ευκαιρία να διαπράξω.

Διάβαση *ουσ.* Ακαθόριστο τμήμα του αυτοκινητοδρόμου, που συνήθως ουρλιάζει.

Διαβάσματα *ουσ. πληθ.* Το σύνολο των κειμένων που έχει διαβάσει κάποιος. Στη χώρα μας, αποτελείται - κατά κανόνα - από μυθιστορήματα τύπου «Ιούδα»[20], διηγήματα γραμμένα σε διάφορες διαλέκτους και ιστορίες με χοντροκομμένα λαϊκά αστεία.

Διαβατήριο *ουσ.* Ύπουλο έγγραφο, με το οποίο εφοδιάζεται υποχρεωτικά ο πολίτης που αναχωρεί για το εξωτερικό, ίσα-ίσα για να φαίνεται πως είναι ξένος και να ξεχωρίζει σαν μίασμα και αίσχος ασυγχώρητο.

Διάγνωση *ουσ.* Η πρόβλεψη του γιατρού για την αρρώστια που έχει ο πελάτης του, αφού πρώτα πάρει την πίεση και το πορτοφόλι του.

Διάδοση *ουσ.* Το αγαπημένο όπλο των εκτελεστών υπολήψεων.

Διακρίνω *ρ. αμτβ.* Επισημαίνω τα στοιχεία με βάση τα οποία ένα πρόσωπο ή πράγμα ενδέχεται να είναι πιο απαράδεκτο από κάποιο άλλο.

Διάλογος *ουσ.* Έκθεση επίδειξης δευτερευόντων πνευματικών κατασκευών, στην οποία κάθε συμμετέχων παραείναι απασχολημένος με την παρουσίαση των προϊόντων του για να προσέξει τα προϊόντα του διπλανού του.

Διαμάντι *ουσ.* Πέτρωμα που απαντάται συχνά πίσω από τους κορσέδες. Διαλύεται σε μίγμα εξαιρετικά φροντισμένου χρυσού.

Διαπραγμάτευση *ουσ.* Μέθοδος εξακρίβωσης των λαθών των άλλων.

Διαπράττω Λογοκλοπή *ρ.* Χρησιμοποιώ τις σκέψεις και το ύφος ενός άλλου συγγραφέα που τον έχουν διαβάσει περισσότεροι από έναν αναγνώστη.

Διάσημος *επίθ.* Ο πασίγνωστος δυστυχισμένος.

Διάσταση *ουσ.* Μέγεθος. Από τη στιγμή που η διάσταση είναι κάτι απόλυτα σχετικό, δεν υπάρχει μεγάλο και μικρό. Ακόμη κι αν όλα στο σύμπαν μεγάλωναν ομοιόμορφα κατά χίλιες φορές, τίποτε δεν θα φαινόταν μεγαλύτερο. Αν όμως έστω κι ένα πράγμα διατηρούσε το μέγεθός του, τα υπόλοιπα θα έδειχναν πιο μεγάλα. Για τον εξοικειωμένο με τη σχετικότητα της διάστασης και της απόστασης, τα διαστήματα και οι μάζες του αστρονόμου δεν είναι πιο εντυπωσιακά από τις μάζες και τα διαστήματα του μικροβιολόγου. Κανείς δεν μπορεί να ξέρει αν το ορατό σύμπαν δεν είναι παρά ένα μικρό μέρος κάποιου ατόμου – με τα ιόντα του[21] – που πλέει στο ζωτικό ρευστό [luminiferous ether][22] κάποιου τεράστιου ζώου. Μπορεί τα μικροσκοπικά πλάσματα που κατοικούν τα αιμοσφαίρια του αίματός μας να δοκιμάζουν το ίδιο με μας συναίσθημα, όταν ατενίζουν τις τεράστιες αποστάσεις που χωρίζουν το ένα αιμοσφαίριο από το άλλο.

Διάφραγμα *επίθ.* Μυϊκός φράκτης που χωρίζει τις αρρώστιες του στήθους από τις αρρώστιες της κοιλιάς.

Διαφωνία *ουσ.* Η μάχη στην οποία το σάλιο και το μελάνι αντικαθιστούν τις επιθετικές οβίδες και τις αγράμματες ξιφολόγχες

Διαφωτίζω *ρ. μτβ.* Προσφέρω στο γείτονά μου μια πλάνη καλύτερη από αυτή στην οποία θεώρησε σωστό να προσηλωθεί.

Διγαμία *ουσ.* Κακό γούστο, το οποίο η σοφία του μέλλοντος τιμωρεί με τριγαμία.

Διερμηνέας *ουσ.* Αυτός που παρέχει τη δυνατότητα σε δύο άλλους, οι οποίοι μιλούν διαφορετικές γλώσσες, να συνεννοηθούν μεταξύ τους, επαναλαμβάνοντας στον ένα αυτό που, κατά τη γνώμη και το προσωπικό συμφέρον του, θα έπρεπε να είχε πει ο άλλος.

Δικαιοσύνη *ουσ.* Εμπόρευμα. Πρόκειται για ένα λίγο

ως πολύ νοθευμένο προϊόν, το οποίο το Κράτος πουλάει στους πολίτες ως αντιστάθμισμα για την υποταγή, τους φόρους και τις προσωπικές υπηρεσίες που του προσφέρουν.

Δικαίωμα *ουσ.* Η νόμιμη εξουσία να είσαι, να κάνεις ή να έχεις. Όπως, λ.χ., το δικαίωμα να είσαι βασιλιάς, το δικαίωμα να γίνεις γείτονας κάποιου, το δικαίωμα να έχεις ιλαρά, και τα παρόμοια.

Δικαστήριο *ουσ.* Ένα μηχάνημα που μπαίνεις γουρούνι και βγαίνεις λουκάνικα.

Δίκη *ουσ.* Εθιμοτυπική έρευνα, που έχει σκοπό ν' αποδείξει και να καταγράψει τους άμεμπτους χαρακτήρες των δικαστών, των συνηγόρων και των ενόρκων. Προκειμένου να πετύχει το σκοπό της, πρέπει να αναδείξει την αντίθεση με το χαρακτήρα ενός προσώπου, που καλείται εναγόμενος, κρατούμενος ή κατηγορούμενος. Αν η αντίθεση γίνει έντονα σαφής, το παραπάνω πρόσωπο θα υποβληθεί σε μια δοκιμασία, η οποία θα δημιουργήσει στους ενάρετους κυρίους την ευχάριστη αίσθηση πως διατελούν εν ασυλία κι επιπλέον αξίζουν περισσότερο.

Δικηγόρος *ουσ.* Αυτός που ξέρει να παρακάμπτει το νόμο.

Δικό μου *αντων.* Αυτό που μου ανήκει, αν το έχω ή μπορέσω να το αποκτήσω.

Δικτάτορας *ουσ.* Ο αρχηγός ενός έθνους, ο οποίος προτιμά το λοιμό του δεσποτισμού από την επιδημία της αναρχίας.

Διορθωτής *ουσ.* Ο κακοποιός που εξιλεώνεται επειδή έκανε το κείμενό σου ανούσιο, επιτρέποντας στο στοιχειοθέτη να το κάνει εντελώς ακατάληπτο.

Διορισμένος *παθ. μτχ.* Πρόσωπο εξαιρετικού ενδιαφέροντος για τους αδιόριστους.

Διπλωματία *ουσ.* Η πατριωτική τέχνη να ψεύδεσαι για χάρη της χώρας σου.

Δις *ουσ.* Ο τίτλος με τον οποίο μαρκάρουμε τις ανύπαντρες γυναίκες για να ξέρουμε πως είναι ακόμη στην αγορά. Το «Δις», το «Κα» και το «Κος» είναι οι τρεις πιο ενοχλητικές λέξεις της γλώσσας μας, τόσο από την άποψη του ήχου, όσο και από την άποψη του νοήματος. Η πρώτη είναι παραφθορά του «Δέσποινα», η δεύτερη του «Κυρία» και η τρίτη του «Κύριος». Όταν οι κοινωνικοί τίτλοι καταργούνταν στη χώρα μας, οι λέξεις αυτές ξέφυγαν και μας μαστίζουν ακόμη. Αλλ' αφού, ούτως ή άλλως, δεν μπορούμε τις καταργήσουμε πια, θα πρέπει τουλάχιστον να είμαστε συνεπείς και να δώσουμε την ανάλογη και στους ανύπαντρους άντρες. Τολμώ να προτείνω το «Παλικαρούκλα», συντετμημένο σε Π.Α. [Παράσημο Ανδρείας].

Δοκιμασία *ουσ.* Διαδικασία εθισμού, η οποία προετοιμάζει την ψυχή για έναν άλλο χειρότερο κόσμο.

Δόλωμα *ουσ.* Η διαδικασία που κάνει το αγκίστρι πιο νόστιμο. Το καλύτερο είδος ομορφιάς.

Δονκιχωτικός *επίθ.* Παράλογα ιπποτικός, όπως ο Δον Κιχώτης. Η εμβάθυνση στην ομορφιά και το μεγαλείο αυτού του απαράμιλλου επιθέτου είναι δυστυχώς απαγορευμένη σε όποιον έχει την ατυχία να γνωρίζει πως το όνομα του εν λόγω κυρίου προφέρεται: Κι-Χο-Τι.

Δραγόνος *ουσ. [<αγγλ. Dragoon].* Στρατιώτης που συνδυάζει ταχύτητα και σταθερότητα σε τέτοιο βαθμό, ώστε να επιτίθεται με τα πόδια και να υποχωρεί πάνω στο άλογο.

Δραματουργός *ουσ.* Αυτός που γράφει θεατρικά έργα από τα γαλλικά.

Δρόμος *ουσ.* Λωρίδα γης, κατά μήκος της οποίας μπορεί κανείς να μεταβεί από εκεί που είναι εντελώς βαρετό να βρίσκεται, εκεί που είναι εντελώς ανώφελο να πάει.

Δρυίδες *ουσ.* Ιερείς και διπλωματικοί εκπρόσωποι της αρχαίας θρησκείας των Κελτών, που δεν περιφρονούσαν την εντελώς λαϊκή σαγήνη της ανθρώπινης θυσίας.

Δυο φορές *επίρρ.* Πολύ συχνά.

Δύση *ουσ.* Το τμήμα του κόσμου που εκτείνεται δυτικά [ή ανατολικά] της Ανατολής. Κατοικείται στο μεγαλύτερο μέρος του από Χριστιανούς, ένα ισχυρό φύλο Υποκριτών, οι οποίοι παράγουν κυρίως δολοφονίες και απάτες - «πολέμους» και «εμπορικές συναλλαγές» τις ονομάζουν αντίστοιχα. Το ίδιο και οι κάτοικοι της Ανατολής, οι οποίοι επίσης παράγουν, κατά κύριο λόγο, τα ίδια προϊόντα.

Δυσοιώνως *επίρρ.* Όταν, εντελώς απροσδόκητα, τα προμηνύματα είναι άσχημα. Οι Ρωμαίοι συνήθιζαν πριν από κάθε σημαντική ενέργεια ή αποστολή να παίρνουν από τους μάντεις – τους κρατικούς προφήτες - κάποια ένδειξη πιθανής έκβασης. Μια από τις πιο διάσημες και φερέγγυες μεθόδους μαντείας συνίστατο στην παρατήρηση της πτήσης των πουλιών. Οι προφητείες που γίνονταν με αυτό τον τρόπο ονομάζονταν «Οιωνοί». Οι ρεπόρτερ των εφημερίδων και ορισμένοι αχρείοι λεξικογράφοι αποφάσισαν πως αυτή η λέξη – πάντα στον πληθυντικό αριθμό – πρέπει να σημαίνει «προστασία» ή «διοργάνωση», όπως στις εκφράσεις: «Οι εκδηλώσεις αρχίζουν με τους καλούς οιωνούς της Αρχαίας και Τιμημένης Τάξης των Τυμβωρύχων» ή «Οι χαρές προοιωνίζονταν από τους Ιππότες της Πείνας»[23].

Αρχισυντάκτης: *Συνδυάζει τις δικαστικές λειτουργίες του Μίνωα του Ραδάμανθυ και του Αιακού.*

Εγγυητής *ουσ.* Ο ανόητος που, επειδή έχει δική του περιουσία, αναλαμβάνει την ευθύνη να εγγυηθεί για κάποιον άλλο μπροστά σε κάποιον τρίτο.

Εγκέφαλος *ουσ.* Η συσκευή με την οποία νομίζουμε πως σκεφτόμαστε.

Εγκληματίας *ουσ.* Πρόσωπο με περισσότερη ενεργητικότητα παρά διακριτικότητα, το οποίο πηγαίνοντας ν' αρπάξει την ευκαιρία, πήρε μαζί του ακατάλληλη συντροφιά.

Εγκρατής *επίθ.* Το άβουλο άτομο που ενδίδει στον πειρασμό να στερήσει από τον εαυτό του μιαν απόλαυση. Απόλυτα εγκρατής είναι αυτός που απέχει από τα πάντα εκτός απ' την εγκράτεια και ιδίως τη διακριτικότητα απέναντι στα δικαιώματα των άλλων.

Εγκωμιαστής *ουσ.* Ιδιαίτερο (αλλά όχι και σημαντικό) είδος ψεύτη.

Εγωιστής *επίθ.* Αυτός που δεν μπορεί ν' αντιληφθεί τον εγωισμό των άλλων.

Εγωκεντρικός *επίθ.* Κακόγουστο άτομο, που ενδιαφέρεται περισσότερο για τον εαυτό του παρά για μένα.

Εθνολογία *ουσ.* Η επιστήμη που μελετά τις διάφορες ανθρώπινες φυλές, όπως τους ληστές, τους κλέφτες, τους απατεώνες, τους ανεπίδεκτους μαθήσεως, τους παράφρονες, τους ηλιθίους και τους εθνολόγους.

Ειδήμων *ουσ.* Ο ειδικός που γνωρίζει οτιδήποτε για κάτι και τίποτε απολύτως για οτιδήποτε άλλο.

Εικόνα *ουσ.* Δισδιάστατη αναπαράσταση μιας αφόρητης τρισδιάστατης πλήξης.

Εικονοκλάστης *ουσ.* Αυτός που γκρεμίζει τα είδωλα. Οι πιστοί του δεν είναι απόλυτα ικανοποιημένοι από την απόδοσή του και διαμαρτύρονται έντονα πως γκρεμίζει μεν αλλά δεν ξαναχτίζει, πως τα σκορπίζει όλα αλλά δεν μαζεύει τίποτε. Τα δύστυχα πλάσματα θέλουν άλλα είδωλα στη θέση εκείνων που ρήμαξε και σκόρπισε ο εικονοκλάστης. Όμως αυτός λέει: «Δεν θα έχετε κανένα, γιατί δεν τα χρειάζεστε. Κι αν κάποιος εδώ γύρω ξεγελαστεί κι αρχίσει να ξαναχτίζει οτιδήποτε, θα του βουτήξω το κεφάλι και θα κάτσω πάνω του μέχρι να του το κατεδαφίσω».

Ειλικρινής *επίθ.* Κωφάλαλος και αναλφάβητος.

Ειρήνη *ουσ.* Έτσι ονομάζεται στις διεθνείς υποθέσεις η περίοδος γενικευμένης απάτης μεταξύ δύο πολέμων.

Έκβαση *ουσ.* Ιδιαίτερος τύπος απογοήτευσης. Για κείνο το είδος νοημοσύνης που βλέπει στην εξαίρεση την επιβεβαίωση του κανόνα, η σοφία μιας πράξης κρίνεται από τις συνέπειές της, από την έκβαση. Πρόκειται για μιαν ακόμη αθάνατη ανοησία· η σοφία μιας πράξης κρίνεται από τη λογική με την οποία την εκτελεί ο πράτων.

Εκδίδω *ρ.* Στα λογοτεχνικά πράγματα, σημαίνει γίνομαι η βάση ενός κώνου αποτελούμενου από κριτικούς.

Εκδίωξη *ουσ.* Εγκεκριμένο φάρμακο κακά της λογοδιάρροιας. Χρησιμοποιείται στην περίπτωση προχωρημένης φτώχειας.

Εκεχειρία *ουσ.* Φιλία.

Εκκεντρικότητα *ουσ.* Μέθοδος εντυπωσιασμού τόσο φτηνή, που όλοι οι ηλίθιοι την χρησιμοποιούν για ν' αναδείξουν την ανικανότητά τους.

Εκλιπαρώ *ρ.* Ζητώ κάτι με ζήλο ανάλογο της απάντησης που δεν πρόκειται να πάρω.

Εκπαίδευση *ουσ.* Αυτό που αποκαλύπτει στο σοφό και κρύβει απ' τον ηλίθιο την αδυναμία αμφοτέρων να κατανοήσουν οτιδήποτε.

Εκτελεστικό Στέλεχος *ουσ.* Αξιωματούχος της Κυβέρνησης, επιφορτισμένος με το καθήκον να επιβάλει τις επιθυμίες της νομοθετικής εξουσίας, μέχρι τη στιγμή που η δικαστική εξουσία θα ευαρεστηθεί ν' αποφανθεί πως είναι ελλιπείς και αναποτελεσματικές.

΄Εκτροπα *ουσ. πληθ.* Δημοφιλής ψυχαγωγία, την οποία προσφέρουν στο στρατό οι αθώοι περαστικοί.

Ελάσσων *επίθ.* Ο λιγότερο απαράδεκτος.

Ελεγείο *ουσ.* ΄Εμμετρη σύνθεση, με την οποία ο συγγραφέας, χωρίς να χρησιμοποιήσει τις συνήθεις μεθόδους χιούμορ, σκοπεύει να προκαλέσει στον αναγνώστη την πλέον δακρύβρεκτη κατάθλιψη.

Ελεήμων[24] *ουσ.* Στιλέτο που χρησιμοποιούσαν οι πεζοί στρατιώτες στη διάρκεια του Μεσαίωνα για να υπενθυμίσουν στους ιππότες που είχαν πέσει από τα άλογα τους πως ήταν νεκροί.

Έλεος *ουσ.* Ανθρώπινο χαρακτηριστικό, το οποίο αγαπούν ιδιαιτέρως οι ένοχοι που συλλαμβάνονται.

Ελευθερία *ουσ.* Ένα από τα πλέον πολύτιμα αγαθά της φαντασίας.

Ελπίδα *ουσ.* Επιθυμία και προσδοκία ένα κουβάρι!.

Εμβλήματα *ουσ. πληθ.* Διακριτικά, κοσμήματα και στολές κάποιων αρχαίων και ένδοξων ταγμάτων, όπως οι Ιππότες του Αδάμ, οι Οραματιστές της Εμφανούς Βλακείας, το Αρχαίο Τάγμα των Μοντέρνων Τρωγλοδυτών, Ο Σύνδεσμος της Ιερής Απάτης, η Χρυσή Φάλαγγα των Φαλαγγιστών[25], η Υψηλή Κοινωνία των Λογοκριμένων Βανδάλων, η Μυστική Συμμαχία των Παρασήμων του Αγ. Γεωργίου, οι Ιππότες και Κυρίες του Κίτρινου Σκύλου, το Ανατολικό Τάγμα των Υιών της Δύσης, η Αδελφότητα των Ανυπόφορων Μπλαμπλάδων, οι Μαχητές του Μεγάλου Τόξου, οι Φύλακες της Μεγάλης Κουτάλας, η Σπείρα των Κτηνών, το Τάγμα των Αμετανόητων Δαρνιάδων, η Θαυμάσια Λεγεώνα των Κραυγαλέα Εξαίσιων, οι Λάτρεις των Επιμεταλλωμένων Λαρνακών, οι Απαστράπτοντες Απρόσιτοι, οι Μπαμπούλες της Μεγάλης Τρομάρας, οι Γενίτσαροι του Παραφουσκωμένου Παγωνιού, τα Πλουμιστά Εξαμβλώματα του Μαγικού Ναού, η Μεγάλη Κλίκα των Σφριγηλών Αραχτών, ο Σύνδεσμος Θεοτήτων του Εμπορίου Βουτύρου, ο Κήπος των Εντελώς Άγαρμπων, η Φιλόστοργος Αδελφότητα των Παρομοίως Ελαττωματικών, οι Απαστράπτοντες Εκπληκτικοί, οι Κυρίες του Τρόμου, η Ένωση των Φάντιδων Μπαστούνιδων, οι Δούκες της Εδέμ, τα Προσκοπάκια της Κρυφής Πίστης, οι Νικηφόροι Ιππότες του Κατοικίδιου Σκύλου, η Μεγάλη Αγέλη, οι Ανένδοτοι Αισιόδοξοι, η Αρχαία Αδελφότητα των Αφιλόξενων Γουρουνιών, οι Ενωμένου Ηγεμόνες του Ψεύδους, οι Δούκες Φύλακες του Μυστικού Βόθρου, η Ένωση για την Αποτροπή της Διάδοσης, οι Βασιλείς της Μπέκρας, η Ευγενής Ομοσπονδία των Μεγαλόσχημων Κυρίων, Το Μυστικό Τάγμα της Ακατάληπτης Περγαμηνής, οι Ένστολοι Ψοφόγατοι, οι Μονάρχες του Πλούτου και της Λιγούρας, οι Γιοι του Νοτίου Αστέρος, οι Αρχιερείς της Βίβλου στη Λεκάνη.

Έμπιστος *ουσ.* Αυτός στον οποίο ο Α εμπιστεύεται τα μυστικά που ο Β εμπιστεύτηκε στον Γ.

Εμπόριο *ουσ.* Είδος δοσοληψίας, στο οποίο ο Α αρπάζει από τον Β τα αγαθά του Γ κι ο Β, για να επανορθώσει τη χασούρα, αδειάζει την τσέπη του Δ απ' τα λεφτά που ανήκουν στον Ε.

Έμπορος *ουσ.* Αυτός που κατατρύχεται μονίμως από εμπορικές επιδιώξεις. Σε μια εμπορική επιδίωξη, αυτό που επιδιώκεται είναι το δολάριο.

Έμφυτος *επίθ.* Φυσικός, εγγενής, όπως οι έμφυτες ιδέες, δηλαδή οι ιδέες με τις οποίες γεννηθήκαμε, αφού τις είχαμε από πριν. Η θεωρία των έμφυτων ιδεών είναι ένα από τα πλέον αξιοθαύμαστα δόγματα της φιλοσοφίας. Πρόκειται για μια έμφυτη ιδέα και γι' αυτό είναι αδύνατο να ανασκευαστεί, αν και ο Λοκ [John Locke 1632-1704] είχε την απρονοησία να πιστεύει πως «της μαύρισε το μάτι». Στις έμφυτες ιδέες θα πρέπει να συμπεριλάβουμε και τις παρακάτω ακλόνητες πεποιθήσεις: μπορούμε να διευθύνουμε μιαν εφημερίδα, η χώρα μας είναι μεγάλη και δυνατή, ο πολιτισμός μας ανώτερος, οι προσωπικές μας υποθέσεις σημαντικές και τα προβλήματά μας εξαιρετικά ενδιαφέροντα από τη φύση τους.

Ενθουσιασμός *ουσ.* Το χαρακτηριστικό απ' το οποίο καταλαβαίνεις τον έρωτα χωρίς σκέψη.

Εξ *[<αγγλ. X].* Ένα άχρηστο γράμμα του {αγγλικού} αλφαβήτου, με τρομακτική αντοχή στις επιθέσεις των μεταρρυθμιστών της ορθογραφίας, το οποίο αναμφίβολα θα υφίσταται – από κοινού με τους προαναφερθέντες κυρίους – όσο υπάρχει γλώσσα. Το «X» είναι το ιερό σύμβολο των δέκα Δολαρίων και σε ορισμένες λέξεις, όπως Xmas [Χριστούγεννα], Xn [Χριστιανός], κτλ, αντιπροσωπεύει τον Χριστό, όχι γιατί όπως πιστεύουν όλοι αναπαριστάνει το σταυρό, αλλά επειδή στα ελληνικά η λέξη Χριστός[26] αρχίζει με το αντίστοιχο γράμμα {του ελληνικού αλφαβήτου}. Αν αναπαρίστανε σταυρό, τότε θα έπρεπε να αντιπροσωπεύει τον Αγ. Ανδρέα[27] που «μαρτύρησε» σε σταυρό με τέτοιο σχήμα. Στην άλγεβρα της ψυχολογίας, το «x» αντιπροσωπεύει το γυναικείο μυαλό. Οι λέξεις που αρχίζουν με «Χ» είναι ελληνικές και γι' αυτό δεν περιέχονται στο παρόν πρότυπο λεξικό της Αγγλικής Γλώσσης.

Εξαίρεση *ουσ.* Το πράγμα που είναι ελεύθερο να διαφέρει από τα άλλα πράγματα της ίδια τάξης, όπως λ.χ., ένας τίμιος άνδρας ή μια ειλικρινής γυναίκα κλπ. Η έκφραση «Η εξαίρεση επιβεβαιώνει τον κανόνα» βρίσκεται συνεχώς στο στόμα των αδαών, οι οποίοι την παπαγαλίζουν ο ένας στον άλλο, χωρίς να κάτσουν μια στιγμή να σκεφτούν πόσο γελοία είναι. Στα λατινικά, η έκφραση «Exceptio probat regulam» σημαίνει πως η εξαίρεση επιβεβαιώνει την ύπαρξη του κανόνα και όχι την αλήθεια του. Ο εγκληματίας που αφαίρεσε το νόημα αυτής της εξαιρετικής ρήσης και το αντικατέστησε με ένα δικής του έμπνευσης, άσκησε μια αποτρόπαιη δύναμη που μοιάζει αθάνατη.

Εξαίσιος *επίθ.* Αυτός που έχει πάνω του κάτι μεγάλο, μιαν αίγλη, ένα κάτι ξεχωριστό απ' ό,τι βλέπουμε συνήθως στους άλλους. Φερ' ειπείν: αυτιά γαϊδάρου σε λαγό ή λάμψη κωλοφωτιάς σε σκουλήκι.

Εξαναγκασμός *ουσ.* Η ευφράδεια της δύναμης.

Εξαρτώμενος *επίθ.* Αυτός που επαναπαύεται στη γενναιοδωρία κάποιου άλλου, για ν' αντλήσει την υποστήριξη που εσύ δεν είσαι σε θέση ν' αποσπάσεις από τους φόβους του.

Εξαφανίζομαι *ρ. αμτβ.* «Αποχωρώ μυστηριωδώς», συνήθως με την περιουσία κάποιου άλλου.

Εξέγερση *ουσ.* Η επανάσταση που δεν πέτυχε. Η αποτυχία της δυσφορίας να αντικαταστήσει την κακή κυβέρνηση με την οχλοκρατία.

Εξευτελισμός *ουσ.* Πατροπαράδοτη και απόλυτα φυσιολογική ψυχική αντίδραση στην παρουσία πλούτου και δύναμης. Ταιριάζει ιδιαίτερα στους υπαλλήλους, όταν απευθύνονται στ' αφεντικά τους.

Εξιλασμός *ουσ.* Απαλλαγή των αμαρτωλών από την τιμωρία για την αμαρτία τους, με τη δολοφονία της θεότητας ενώπιον της οποίας διέπραξαν την αμαρτία Η διδασκαλία περί του Εξιλασμού είναι θεμελιώδες μυστήριο της αγίας θρησκείας μας, κι όποιος πιστεύει σ' αυτό δεν θα χαθεί αλλά θα έχει δική του ολόκληρη την αιωνιότητα, για να προσπαθήσει να το κατανοήσει με την ησυχία του.

Εξόριστος *επίθ.* *s*Αυτός που υπηρετεί την πατρίδα του στο εξωτερικό, χωρίς να είναι πρεσβευτής.

Εξύβριση *ουσ.* Η σάτιρα, όπως την αντιλαμβάνονται οι στόκοι κι όσοι έχουν πρόβλημα στον εγκέφαλο.

Εξυπηρέτηση *ουσ.* Ένας σύντομος πρόλογος δέκα τόμων στο χαράτσωμα.

΄Επαινος *ουσ.* Ο φόρος που καταβάλουμε για τα κατορθώματα που μοιάζουν αλλά δεν είναι ίδια με τα δικά μας.

Επανάσταση *ουσ.* ΄Ετσι ονομάζεται στην πολιτική η απότομη αλλαγή του τρόπου κακοδιοίκησης. Ειδικότερα στην αμερικανική ιστορία, πρόκειται για την αντικατάσταση της εξουσίας μιας Αντιπροσωπίας από ένα Υπουργείο, αντικατάσταση η οποία προάγει την ευημερία και την ευτυχία του λαού εντυπωσιακά καθόλου. Συνήθως, οι Επαναστάσεις συνοδεύονται με σημαντικές ποσότητες χυμένου αίματος, αλλά αξίζει τον κόπο. Η άποψη αυτή δημιουργήθηκε από τους προνομιούχους που δεν είχαν την ατυχία να χύσουν το δικό τους αίμα.

Επαναστάτης *ουσ.* Ο υπέρμαχος μιας νέας οχλοκρατίας, την οποία δεν κατάφερε να επιβάλλει.

Επανεξετάζω *ρ.* Προσπαθώ να βρω ένα σοβαρό λόγο για τον οποίο θα πρέπει να πάρω μιαν απόφαση που ήδη πήρα.

Επανόρθωση *ουσ.* Το ποσό ικανοποίησης που δίνουμε ως αποζημίωση για τη ζημιά που κάναμε, αφαιρώντας το από την ικανοποίηση που νοιώσαμε όταν την κάναμε.

Επευφημία *ουσ.* Στην αρχαία Ρώμη, έτσι ονομαζόταν μια περιορισμένης έκτασης εθιμοτυπική παρέλαση προς τιμήν κάποιου που υπήρξε επιζήμιος για τους εχθρούς του έθνους. ΄Ενας μικρότερος «Θρίαμβος».

Στα σύγχρονα αγγλικά, η λέξη χρησιμοποιείται καταχρηστικά, προκειμένου να χαρακτηρίσει οποιαδήποτε ανοργάνωτη και αυθόρμητη έκφραση δημόσιου ενθουσιασμού για το πρόσωπο της μέρας.

Επευφημίες *ουσ. πληθ.* Νομίσματα με τα οποία ο λαουτζίκος πληρώνει αυτούς που τον παραπλανούν με γλύκες και τον καταβροχθίζουν.

Επίγονοι *ουσ. πληθ.* Συμβούλιο εφετών, το οποίο ακυρώνει την κρίση των συγχρόνων κάποιου διάσημου συγγραφέα, κατόπιν σχετικής προσφυγής του πιο ασήμαντου ανταγωνιστή του.

Επίγραμμα *ουσ.* Μικρή, αιχμηρή ρήση – πεζή ή έμμετρη – η οποία χαρακτηρίζεται συχνότερα από οξύτητα και καυστικότητα και σπανιότερα από σοφία. Ακολουθούν ορισμένα από τα σημαντικότερα επιγράμματα του εξαιρετικά μορφωμένου και ευφυή Δρα Κύφωνα Ταρατζουμά:

> Γνωρίζουμε καλύτερα τις ανάγκες μας από τις ανάγκες των άλλων.Η αυτοεξυπηρέτηση είναι η οικονομικότερη διαχείριση.
>
> Σε κάθε ανθρώπινη καρδιά υπάρχει ένας τίγρης, ένα γουρούνι, ένας γάιδαρος κι ένα αηδόνι. Η ποικιλία των χαρακτήρων οφείλεται στην ανομοιότητα των δραστηριοτήτων τους.

Υπάρχουν τρία φύλα: άνδρες, γυναίκες και κορίτσια. Η ομορφιά των γυναικών κι η επιτυχία των ανδρών μοιάζουν στο εξής: ο απερίσκεπτος τ' αντιλαμβάνεται σαν ένα είδος αξιοπιστίας.

Οι ερωτευμένες ντρέπονται λιγότερο από τους ερωτευμένους. Για λιγότερα πράγματα, δηλαδή.

Όταν ο φίλος σου κρατά και τα δυο σου χέρια στοργικά, μπορείς να αισθάνεσαι ασφαλής. Βλέπεις πού είναι τα δικά του.

Επιδημία *ουσ.* Στην αρχαιότητα, ήταν εν γένει ένας από τους τρόπους με τους οποίους τιμωρούνταν προειδοποιητικά οι αθώοι από το νομοθέτη τους, όπως στην γνωστότατη περίπτωση του παντοδύναμου Φαραώ. Σήμερα, έχουμε τη χαρά να γνωρίζουμε πως η επιδημία δεν είναι παρά μια τυχαία εκδήλωση της εντελώς ακούσιας αναισχυντίας της Φύσης.

Επιθετικός *επίθ.* Αυτός που προκαλεί δυσάρεστα συναισθήματα. Πώς πέφτει ένας στρατός να τσακίσει τον εχθρό; Κάπως έτσι.

Επικούρειος *ουσ.* Ο πολέμιος του Επίκουρου, ένας λιτοδίαιτος φιλόσοφος που, επειδή είναι απασχολημένος με τη θεμελίωση της θεωρίας πως η απόλαυση πρέπει να είναι σκοπός της ζωής, δεν έχει χρόνο να ικανοποιήσει τις αισθήσεις του.

Επιμονή *ουσ.* Ασήμαντη αρετή, μέσω της οποίας η μετριότητα κατορθώνει εντυπωσιακά πράγματα.

Επίπληξη *ουσ.* Ευγενική μομφή. Φιλική προειδοποίηση. Πώς βαράει το κρέας με το μπαλτά ο χασάπης; Κάπως έτσι.

Επιρροή *ουσ.* Έτσι ονομάζεται στην πολιτική το φανταστικό «γιατί», που αντικαθιστά το πραγματικό «για ποιον».

Επιτάφιο *ουσ.* Επιγραφή σε τάφο, η οποία αποδεικνύει πως οι αρετές που αποκτούνται με το θάνατο έχουν αναδρομική ισχύ.

Επιτυχία *ουσ.* Η μόνη ασυγχώρητη αμαρτία για τους φίλους σου.

Επιφανής *επίθ.* Κατάλληλα διαμορφωμένος, ώστε να εφαρμόσουν πάνω του οι αιχμές της μοχθηρίας του μίσους και της διαβολής.

Επωμίδα *ουσ.* Διακοσμημένο διακριτικό, με το οποίο ξεχωρίζει ο αξιωματικός του στρατού από τον εχθρό, δηλαδή από το χαμηλόβαθμο αξιωματικό, που περιμένει να σκοτωθεί ο ανώτερος για να πάρει προαγωγή.

Εργασία *ουσ.* Διαδικασία με την οποία κάποιος αποκτά περιουσία για κάποιον άλλο.

Ερημίτης *ουσ.* Αυτός που οι κακίες κι οι παλαβομάρες του δεν είναι κοινωνικές.

Ερυθρόδερμος *ουσ.* Ινδιάνος της Βορείου Αμερικής, του οποίου το δέρμα δεν είναι κόκκινο (τουλάχιστον απ' την απέξω μεριά).

Έρωτας *ουσ.* Παροδική φρενοβλάβεια, η οποία θεραπεύεται με γάμο ή απομάκρυνση του ασθενούς από τους παθογόνους παράγοντες. Η πάθηση αυτή, όπως η τερηδόνα και πολλές άλλες, είναι διαδεδομένη μόνο στους πολιτισμένους λαούς που ζουν σε τεχνητό περιβάλλον, ενώ οι βάρβαροι που αναπνέουν καθαρό αέρα και τρέφονται λιτά, παρουσιάζουν ιδιαίτερη ανοσία. Μερικές φορές, ο έρωτας επιφέρει το θάνατο, κυρίως στους γιατρούς και λιγότερο συχνά στους ίδιους τους ασθενείς.

Εσωτεριστικός *επίθ.* Ο ιδιαίτερα δυσνόητος και απόλυτα απόκρυφος. Οι αρχαίοι φιλόσοφοι ήταν δυο ειδών, οι εξωτεριστές - αυτοί που εν μέρει γίνονται εύκολα κατανοητοί – και οι εσωτεριστές - αυτοί που κανείς δεν καταλαβαίνει. Το δεύτερο είδος άσκησε τη βαθύτερη επίδραση στη μοντέρνα σκέψη και βρήκε τη μεγαλύτερη αποδοχή στην εποχή μας.

Εταιρεία *ουσ.* Μια έξυπνη κατασκευή για την απόκτηση προσωπικού κέρδους, χωρίς προσωπική ευθύνη.

Ετοιμόρροπος *επίθ.* Ο σχετικός με ένα συγκεκριμένο

αρχιτεκτονικό ρυθμό, γνωστό ως Ευθύ Αμερικανικό. Τα περισσότερα δημόσια κτήρια των Ηνωμένων Πολιτειών είναι Ετοιμόρροπου ρυθμού, αν και ορισμένοι από τους πρώτους αρχιτέκτονές μας προτιμούσαν τον Ειρωνικό ρυθμό. Οι πρόσφατες προσθήκες του Λευκού Οίκου στην Ουάσιγκτον είναι Θεο-Δωρικού ρυθμού. Πρόκειται για το ρυθμό που επινόησε το θρησκευτικό τάγμα των Δωριέων. Οι προεκτάσεις αυτές είναι εξαιρετικά κομψές και κοστίζουν εκατό δολάρια το τούβλο.

Έτος *ουσ.* Χρονική περίοδος τριακοσίων εξήντα τεσσάρων απογοητεύσεων.

Ευαγγελιστής *ουσ.* Αυτός που φέρνει μια καλή είδηση, ιδίως τη διαβεβαίωση πως εμείς θα σωθούμε (με τη θρησκευτική έννοια), ενώ ο γείτονές μας θα είναι καταραμένοι στους αιώνες.

Ευάλωτος *επίθ.* Ο ανίκανος να επιτεθεί.

Ευγένεια *ουσ.* Η πιο αποδεκτή υποκρισία.

Ευεργέτης *ουσ.* Αυτός που πραγματοποιεί αγορές τεραστίων ποσοτήτων αχαριστίας, χωρίς ωστόσο να μπορεί να καθορίσει την τιμή, η οποία στην προκειμένη περίπτωση έχει τη μεγαλύτερη σημασία.

Ευθύνη *ουσ.* Φορτίο το οποίο μεταφέρεται εύκολα στις πλάτες του Θεού, της Μοίρας, του Πεπρωμένου, της

Κούπιντ: *Ο θεός του έρωτα στα λατινικά, μπάσταρδο της πιο βάρβαρης φαντασίας.*

Τύχης ή του γείτονα.. Τον καιρό της αστρολογίας, συνήθιζαν να το ξεφορτώνουν σε κάποιο αστέρι.

Ευκαιρία *ουσ.* Η καταλληλότερη στιγμή για ν' αρπάξεις την απογοήτευση.

Ευλάβεια *ουσ.* Σεβασμός προς το Υπέρτατο Ον, επί τη βάση της ομοιότητός του με τον άνθρωπο.

Ευτυχία *ουσ.* Το ευχάριστο συναίσθημα που προκαλεί η παρατήρηση της δυστυχίας των άλλων.

Ευφράδεια *ουσ.* Η τέχνη να πείθεις προφορικά τους ηλιθίους πως το άσπρο μπορεί να φαίνεται αλλά δεν είναι άσπρο. Περιλαμβάνει και το χάρισμα να κάνεις όλα τα χρώματα να φαίνονται άσπρα.

Ευχαρίστηση *ουσ.* Η τελευταία και πιο απεχθής μορφή κατάθλιψης.

Ευχαριστώ *ρ.* Θέτω τα θεμέλια ενός κακού μπελά με πολλούς ορόφους.

Ευχέλαιο *ουσ.* Λάδωμα ή λίπανση. Το ευχέλαιο είναι τελετή, στην οποία ένας επίσκοπος ευλογεί λάδι και αλείφει με αυτό ορισμένα σημεία του σώματος κάποιου ετοιμοθάνατου. Η Μάρμπουρυ[28] διηγείται πως κάποτε, αφού έκαναν το ευχέλαιο ενός μοχθηρού Άγγλου ευγενή, ανακάλυψαν πως το λάδι δεν είχε ευλογηθεί κανονικά και δεν υπήρχε άλλο. Όταν το είπαν στον ετοιμοθάνατο, εκείνος αγρίεψε: «Δηλαδή, αν πεθάνω τώρα, η ψυχή μου δεν θα ησυχάσει!» φώναξε. «Αυτό φοβόμαστε, τέκνον μου!» του απάντησε ο παπάς.

Εφεσιβάλω *ρ. μτβ.* Στη νομική, σημαίνει: ξαναρίχνω τα ζάρια.

Εφευρέτης *ουσ.* Ο άνθρωπος που κάνει ευφυείς συνδυασμούς τροχών, μοχλών κι ελατηρίων και πιστεύει πως αυτό είναι πολιτισμός.

Εχθές *επίρρ.* Η βρεφική ηλικία της νεότητας, η νεότητα της ωριμότητας, τα πάντα πριν από τα γηρατειά.

Έχθρα *ουσ.* Συναίσθημα κατάλληλο για την περίπτωση που ο άλλος διαθέτει υπεροχή.

Εχθρότητα *ουσ.* Μια ασυνήθιστα έντονη και πολύ συγκεκριμένη αίσθηση του προβλήματος του υπερπληθυσμού. Η εχθρότητα διακρίνεται σε ενεργητική και παθητική. Σαν να λέμε: το συναίσθημα που νοιώθει μια γυναίκα για τις φίλες της και αντίστοιχα τα συναίσθημα που απολαμβάνει για όλες τις υπόλοιπες.

Ζανί *[<ιταλ. Zany] ουσ.* Δημοφιλής ήρωας του παλιού ιταλικού θεάτρου[29]. Υποδυόταν με ξεκαρδιστική αδεξιότητα τον μπούφο [Buffone], τον παλιάτσο. Δηλαδή ήταν μίμηση μιας μίμησης, διότι ο πραγματικός παλιάτσος έπαιζε το σοβαρό ρόλο στο έργο. Ο Ζανί υπήρξε γενάρχης του επαγγελματία κωμικού, με τη μορφή που έχουμε την ατυχία να τον γνωρίζουμε σήμερα. Στην περίπτωση του Ζανί, είναι φανερή η δημιουργικότητα· στην περίπτωση του επαγγελματία κωμικού, η απομίμηση. Ένα άλλο εξαιρετικό είδος σύγχρονου Ζανί είναι ο ιεροδιάκονος, που μιμείται τον παπά, που μιμείται τον επίσκοπο, που μιμείται το αρχιεπίσκοπο, που μιμείται το διάβολο.

Ζάρι *ουσ.* Ο ενικός του «Ζάρια». Σπάνια ακούμε τη λέξη, γιατί υπάρχει μια αποτρεπτική παροιμία που λέει: «Κανείς δεν μπορεί να ξέρει το ζάρι!». Αργά και που κάποιος λέει: «Ο κύβος ερρίφθη» που πάει να πει: «Τώρα το ζάρι έπεσε», αλλά δεν είναι έτσι. Το σωστό είναι «Ο κύβος ανεβλήθη».

Ζευς *ουσ.* Ο επικεφαλής των Ελλήνων θεών. Οι Ρωμαίοι τον λάτρευαν ως Τζούπιτερ και οι σύγχρονοι Αμερικανοί ως Θεό, Χρυσό, Συμμορία, Τζιμάνι. Ορισμένοι από τους εξερευνητές που προσέγγισαν τις αμερικανικές ακτές και ισχυρίζονται πως διείσδυσαν ουκ ολίγον στο εσωτερικό, σκέφτηκαν πως τα τέσσερα αυτά ονόματα μπορεί ν' ανήκουν σε διαφορετικές θεότητες, αλλά ο Λεχρίτισερ, στο μνημειώδες έργο του Ζωντανές Θρησκείες, επιμένει πως οι εντόπιοι είναι μονοθεϊστές. Απλά, καθένας λατρεύει τον ένα και μοναδικό προσωπικό θεό του, στον οποίο όμως δίνει διάφορα ονόματα.

Ζηλιάρης *επίθ.* Ο υπέρμετρα προσηλωμένος στη διαφύλαξη αυτού που θα μπορούσε να χάσει μόνον αν δεν άξιζε να το κρατήσει.

Ζήλος *ουσ.* Νευρική πάθηση που πλήττει τους νέους και άπειρους. Έκρηξη πάθους που προηγείται του «παρ' τον κάτω».

Ζητιάνος *ουσ.* Αυτός που υπολόγιζε στη βοήθεια των φίλων του.

Ζυγός *ουσ.* Ένα εργαλείο, κυρία μου, στου οποίου τη λατινική ονομασία [jugum], οφείλουμε μια από τις πλέον φωτεινές λέξεις της γλώσσας μας, μια λέξη που περιγράφει την κατάσταση του γάμου με ακρίβεια, σαφήνεια και δριμύτητα. Χίλια συγνώμη που την κρατήσαμε.

Ζωγραφική *ουσ.* Η τέχνη της προστασίας επίπεδων επιφανειών από τις καιρικές συνθήκες, με την έκθεσή τους στην κριτική.

Παλιότερα, η ζωγραφική και η γλυπτική συνδυάζονταν στο ίδιο έργο τέχνης: οι αρχαίοι ζωγράφιζαν τα αγάλματά τους. Σήμερα, η μόνη συνεργασία ανάμεσα στις δύο τέχνες είναι πως ο σύγχρονος ζωγράφος πελεκάει τους χορηγούς του.

Ζωή *ουσ.* Η πνευματική σαλαμούρα που προστατεύει το σώμα μας από την αποσύνθεση. Ζούμε με την καθημερινή αγωνία πως θα την χάσουμε, κι όταν τελικά την χάσουμε δεν το καταλαβαίνουμε. Το ερώτημα «Αξίζει η ζωή;» έχει τεθεί πολλές φορές, ειδικά από εκείνους που πιστεύουν πως δεν αξίζει. Οι περισσότεροι έγραψαν πολύ για να υπερασπίσουν την άποψή τους και, τηρώντας όλους τους κανόνες μιας υγιεινής ζωής, απόλαυσαν για πάρα πολλά χρόνια τις τιμές μιας επιτυχημένης θεωρητικής διαμάχης

Ζωολογία *ουσ.* Η επιστημονική μελέτη της δομής και της ιστορίας του ζωικού Βασιλείου, συμπεριλαμβανομένου και του βασιλιά, της Οικιακής Μύγας – Musca maledicta

Ζωολογία: *Πατέρας της θεωρείται ο Αριστοτέλης, αλλά το όνομα της μητέρας της δεν μας παραδόθηκε.*

[Αλογόμυγα η Επίβουλος]. Πατέρας της ζωολογίας θεωρείται παγκοσμίως ο Αριστοτέλης [384-322 π.Χ.], αλλά το όνομα της μητέρας της δεν μας παραδόθηκε. Δύο από τους πλέον επιφανείς στυλοβάτες της επιστήμης ήταν ο Μπυφόν [Georges-Louis Leclerc, Comte de Buffon, 1707-1788] κι ο Όλιβερ Γκόλντσμιθ [Oliver Goldsmith, 1728-1774]. Αμφότεροι μας πληροφόρησαν – με τα έργα τους Γενική Ιστορία των Ζώων[30] και Ιστορία της Γης και της Έμψυχης Φύσης [An History of the Earth and Animated Nature, 1774] – πως η οικιακή αγελάδα ρίχνει κέρατα κάθε δυο χρόνια.

Ηθικός *επίθ.* Ο εναρμονισμένος με τις τοπικούς και εντελώς χαλαρούς κανόνες για το σωστό. Το κύριο χαρακτηριστικό του είναι η καθολική αποτελεσματικότητα.

Ηλεκτρισμός *ουσ.* Η δύναμη που παράγει όλα τα φυσικά φαινόμενα, τα οποία δεν γνωρίζουμε από τι παράγονται.

Ηλίθιος *ουσ.* Μέλος μιας μεγάλης και δυνατής φυλής, της οποίας η επίδραση στα ανθρώπινα πράγματα ήταν ανέκαθεν ισχυρή και καθοριστική. Η δραστηριότητα του ηλιθίου δεν περιορίζεται σε κάποιον ιδιαίτερο πνευματικό ή πρακτικό τομέα, αλλά «διαχέεται και διέπει το όλον εν γένει». Αυτός λέει την τελευταία κουβέντα στα πάντα· η απόφασή του είναι τελεσίδικη. Αυτός

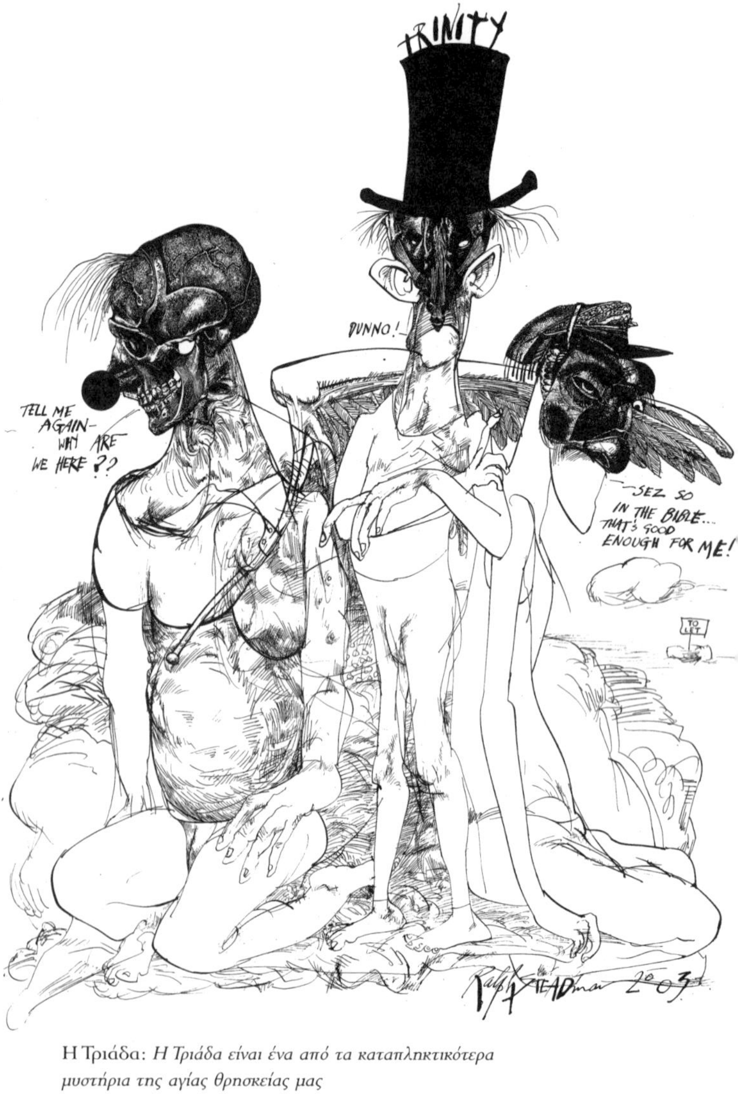

Η Τριάδα: *Η Τριάδα είναι ένα από τα καταπληκτικότερα μυστήρια της αγίας θρησκείας μας*

δημιουργεί τις μόδες, τις απόψεις, τα γούστα, υπαγορεύει τα όρια του λόγου και παρέχει στην ανθρώπινη συμπεριφορά το δικό της πεδίο... βολής!

Ηλύσια Πεδία *ουσ.* Υπέροχος φανταστικός τόπος, όπου – σύμφωνα με τις βλακώδεις αντιλήψεις των Αρχαίων – κατοικούσαν τα πνεύματα του καλού. Τον εξωφρενικό και κακόβουλο αυτό μύθο τον έκαναν σκόνη οι πρώτοι Χριστιανοί, αφού οι ψυχές τους μπορούσαν να είναι ευτυχισμένες στον Παράδεισο!

Ημερολόγιο *ουσ.* Καθημερινή καταγραφή του μέρους της ζωής μας, το οποίο μπορούμε να αποδίδουμε στον εαυτό μας χωρίς να κοκκινίζουμε.

Ηρεμία *ουσ.* Ασυνήθιστη υπομονή, ενώ καταστρώνεις μιαν αξιόλογη εκδίκηση.

Θαύμα *ουσ.* Πράξη ή γεγονός που παραβιάζει ανεξήγητα τη φυσική τάξη. Σαν να μοιράζεις χαρτιά κανονικότατα και να βρίσκεσαι με τέσσερις ρηγάδες κι έναν άσσο, τη στιγμή που ο απέναντι έχει τέσσερις άσσους κι ένα ρήγα.

Θαυμασμός *ουσ.* Η ευγενική αναγνώριση του γεγονότος πως κάποιος μας μοιάζει καταπληκτικά.

Θεόσταλτος *επίθ.* Ο απροσδόκητα και κατάφωρα ευεργετικός, για όποιον τον θεωρεί απροσδόκητα και κατάφορα ευεργετικό.

Θηλαστικά *ουσ.* Κλάση σπονδυλωτών ζώων των οποίων

Άγιος: *Ένας νεκρός αμαρτωλός σε αναθεωρημένη έκδοση.*

τα θηλυκά, σε κάποιο στάδιο φυσικής εξέλιξης, θήλαζαν τα μικρά τους, αλλά, μόλις εκπολιτίστηκαν και διαφωτίστηκαν, τα πέταξαν στις νταντάδες ή χρησιμοποιούν μπιμπερό.

Θηλυκό *ουσ.* Ένα από τα αντίθετα - ή αθέμιτα - φύλα.

Θόρυβος *ουσ.* Το είδος της δυσοσμίας που φτάνει στ' αφτιά μας. Η μουσική που δεν έχει εξημερωθεί ακόμη. Το υπέρτατο προϊόν με τη σφραγίδα του πολιτισμού.

Θρησκεία *ουσ.* Κόρη της Ελπίδας και του Φόβου, που εξηγεί στους αμαθείς τη φύση της αμάθειας.

Θύελλα *ουσ.* Ατμοσφαιρική εκδήλωση εξαιρετικά συνηθισμένη κάποτε, αλλά σήμερα ξεπερασμένη από τον ανεμοστρόβιλο και τον κυκλώνα. Η θύελλα είναι ακόμη πολύ διαδεδομένη στις Δυτικές Ινδίες και την προτιμούν ιδιαίτερα κάποιοι ντεμοντέ καπετάνιοι. Χρησιμοποιείται επίσης και στην κατασκευή του πάνω τμήματος της γέφυρας των ατμόπλοιων, αλλά, σε γενικές γραμμές, η χρησιμότητα της θύελλας επιβίωσε της ίδιας της θύελλας.

Ιεράρχης *ουσ.* Η κεφαλή μιας Εκκλησίας, ειδικά μιας κρατικής Εκκλησίας, η οποία υποστηρίζεται από ακούσιες εισφορές. Ιεράρχης της Αγγλίας είναι ο Αρχιεπίσκοπος του Καντέρμπουρυ, ένας συμπαθής κύριος μεγάλης ηλικίας, ο οποίος βρίσκεται στο Ανάκτορο του Λάμπεθ όσο ζει και στο Αβαείο του Γουέστμινιστερ όταν πεθάνει. Συνήθως είναι πεθαμένος.

Ιερέας *ουσ.* Το πρόσωπο που αναλαμβάνει τη διαχείριση των δικών μας πνευματικών υποθέσεων, προκειμένου να βελτιώσει τις δικές του υλικές.

Ιεροτελεστία *ουσ.* Θρησκευτική ή ημιθρησκευτική τελετή, νομικά, ηθικά ή ιστορικά καθιερωμένη και προσεκτικά διυλισμένη, ώστε να αποβάλει και την τελευταία σταγόνα αιθέριου ελαίου ειλικρίνειας.

Ιθαγενείς (οι) *ουσ.* Ασήμαντα πλάσματα που βαραίνουν το χώμα μιας προσφάτως εξερευνημένης χώρας. Σύντομα παύουν να το βαραίνουν. Το λιπαίνουν

Ικανότητα *ουσ.* Ο φυσικός εξοπλισμός, ο οποίος επιτρέπει τη μερική ικανοποίηση των ασήμαντων φιλοδοξιών που διακρίνουν τους επιδέξιους άνδρες από τους νεκρούς άντρες. Σε τελευταία ανάλυση, η εν λόγω ικανότητα συνίσταται σε μια γερή δόση σοβαρότητας. Τελικά, ίσως έχουμε δίκιο να θεωρούμε τόσο αξιόλογο αυτό το ομολογουμένως εντυπωσιακό χαρακτηριστικό· δεν είναι δα και τόσο εύκολο να είναι κανείς σοβαρός.

Ινκούμπους[31] **(ο)** *ουσ. [<λατιν. Incubus].* Είδος εξαιρετικά ακόλαστων δαιμόνων, οι οποίοι αν και δεν έχουν εξαφανιστεί εντελώς, θα μπορούσαμε να πούμε πως τις καλύτερες νύχτες τους τις πέρασαν πια ανεπιστρεπτί. Πλήρη στοιχεία για τους incubi και τις succubi, συμπεριλαμβανομένων των incubae και succubae, μπορείτε να βρείτε στο Βιβλίο των Δαιμόνων του Προτάσους (Παρίσι, 1328), το οποίο περιέχει πολλές πληροφορίες που δεν έχουν θέση σε ένα λεξικό προοριζόμενο για σχολική χρήση.

Ιππόγρυπος[32] *ουσ.* Ένα ζώο (εξαφανισμένο πια) που ήταν μισό άλογο και μισό Γρύπος. Ο Γρύπος με τη σειρά

Μύτη: *Όλοι οι μεγάλοι κατακτητές είχαν τεράστιες μύτες.*

του ήταν σύνθετο ζώο: μισό λιοντάρι και μισό αετός. Συνεπώς, ο Ιππόγρυπος ήταν στην πραγματικότητα το ένα τέταρτο του «Αετού»[33], πράγμα που σημαίνει δύο δολάρια και πενήντα σεντ σε χρυσό. Η μελέτη της ζωολογίας κρύβει πολλές εκπλήξεις!

Ιστόρημα *ουσ.* Μια αφήγηση συνήθως ψεύτικη.

Ιστορία *ουσ.* Ένας ως επί το πλείστον εσφαλμένος απολογισμός, ως επί το πλείστον ασήμαντων γεγονότων, τα οποία προκλήθηκαν από ως επί το πλείστον παλιανθρώπους κυβερνήτες και ως επί το πλείστον ηλίθιους στρατιώτες.

Ιστορικός *ουσ.* Ο μεγάλου βεληνεκούς κουτσομπόλης.

Κάθαρμα *ουσ.* Αυτός που έχει αγγίξει την κορυφή της ποταπότητας. Από ετυμολογική άποψη, η λέξη σημαίνει ακάθαρτος, άπιστος. Η σημερινή σημασία της μπορεί να θεωρηθεί ως η ευγενέστερη συνεισφορά της θεολογίας στην εξέλιξη της γλώσσας μας.

Καθήκον *ουσ.* Η δύναμη που μας ωθεί αμείλικτα με κατεύθυνση προς το κέρδος, επί του ανύσματος της επιθυμίας.

Καθισιό *ουσ.* Πρότυπο αγρόκτημα, όπου ο διάβολος πειραματίζεται με σπόρους νέων αμαρτημάτων και παράλληλα φροντίζει για την καλλιέργεια των βασικών διαστροφών.

Καθρέφτης *ουσ.* Γυάλινη επιφάνεια στην οποία παρουσιάζεται ένα εφήμερο θέαμα, που προσγειώνει τον άνθρωπο στην πραγματικότητα.

Ο Βασιλιάς της Μαντζουρίας είχε ένα μαγικό καθρέφτη, που όποιος κοιταζόταν δεν έβλεπε τον εαυτό του αλλά τον ίδιο το βασιλιά. Κάποιος αυλικός που απολάμβανε για πολλά-πολλά χρόνια την εύνοια του βασιλιά, κι ως εκ τούτου είχε πλουτίσει όσο κανείς άλλος σ' ολόκληρο το βασίλειο, είπε στο βασιλιά: «Δώσε μου, σε παρακαλώ, το θαυμαστό καθρέφτη σου ώστε, όταν κάποτε εγκαταλείψεις το μεγαλείο της παρουσίας σου, εγώ να τιμώ το ζωντανό είδωλό σου, να προσκυνώ μέρα-νύχτα τη δόξα της πανάγαθής μορφής σου, που άλλη ανώτερη σε θεία μεγαλοπρέπεια δεν έγινε ποτέ στον κόσμο αυτό, Ω ΄Ηλιε Φωτεινέ του Σύμπαντος!»

Πολύ του άρεσαν του βασιλιά τα λόγια που άκουσε κι έβγαλε αμέσως διαταγή να μεταφέρουν τον καθρέφτη στο παλατάκι του αυλικού. ΄Ομως, μια μέρα που πήγε εκεί απροειδοποίητα, ανακάλυψε πως ο καθρέφτης βρισκόταν... Ε ναι λοιπόν, βρισκόταν σε μιαν αποθήκη. Κι είχε θαμπώσει από τη σκόνη και τον είχαν τυλίξει ολόκληρο οι αράχνες. Θύμωσε τότε ο βασιλιάς και τον χτύπησε με τη γροθιά του κι έσπασε το γυαλί και τραυματίστηκε άσχημα ο ίδιος. Το ατύχημα αυτό τον εξαγρίωσε και πρόσταξε να ρίξουν αμέσως στη φυλακή τον αχάριστο αυλικό και να επισκευάσουν το γυαλί και να ξαναβάλουν τον καθρέφτη στο παλάτι του. ΄Ετσι κι έγινε. Μα όταν ξανακοιτάχτηκε στο καθρέφτη, δεν είδε όπως πριν τον εαυτό του. Είδε ένα γάιδαρο με κορώνα στο κεφάλι και ματωμένο επίδεσμο στο πισινό του πόδι. Το ίδιο είδαν κι οι εργάτες που τον έφτιαξαν κι όλοι όσοι τον κοίταξαν, αλλά φοβήθηκαν να του το πουν. Έτσι λοιπόν πήρε ο βασιλιάς ένα καλό μάθημα σοφίας κι ευσπλαχνίας κι ελευθέρωσε τον αυλικό του κι έβαλε τον καθρέφτη πίσω απ' το θρόνο του και βασίλευσε πολλά χρόνια με δικαιοσύνη και ταπεινότητα κι όταν μια μέρα κοιμήθηκε στο θρόνο του τον ανεξύπνητο ύπνο του θανάτου, όλοι οι αυλικοί είδαν στον καθρέφτη τη φωτεινή εικόνα ενός αγγέλου· κι ακόμη την βλέπουν.

Καιρός *ουσ.* Οι ατμοσφαιρικές συνθήκες που επικρατούν σε δεδομένο χρόνο. Ο καιρός είναι μόνιμο θέμα κουβέντας ανάμεσα σε άτομα που ουδόλως τα ενδιαφέρει, αλλά έχουν κληρονομήσει τη συνήθεια να τον σχολιάζουν ακατάσχετα, από τους γυμνούς δενδρόβιους προγόνους τους, τους οποίους ενδιέφερε και παραενδιέφερε. Η ίδρυση μετεωρολογικών υπηρεσιών και η εμμονή τους στην ανακρίβεια, αποδεικνύουν πως ακόμη και οι κυβερνήσεις μπορούν να πεισθούν από τους άξεστους προπαππούδες της ζούγκλας.

Κακοαναθρεμμένος *επίθ.* Αυτός που αντί να τον μεγαλώσουν, τον «εξέθρεψαν».

Κακογράφος *ουσ.* Ο επαγγελματίας συγγραφέας του οποίου οι απόψεις είναι αντίθετες με τις δικές μας.

Καλός *επίθ.* Ευαίσθητος, κυρία μου, κατά την ταπεινή

γνώμη του συγγραφέα. Ζωντανός, κύριέ μου, εφόσον βέβαια δεν τον σκοτώσετε.

Κανίβαλος *ουσ.* Γευσιγνώστης της παλιάς σχολής. Προτιμά τις απλές γεύσεις κι επιμένει στη φυσική διατροφή της προχοιρινής περιόδου.

Κανόνι *ουσ.* Μηχάνημα με το οποίο γίνεται η ευθυγράμμιση των εθνικών συνόρων.

Καραβίδα *ουσ.* Μικρό μαλακόστρακο που μοιάζει πολύ με αστακό, αλλά «χωνεύεται» ευκολότερα.

Καρδιά *ουσ.* Μια αυτόματη μυϊκή αντλία αίματος. Το χρήσιμο αυτό όργανο θεωρήθηκε μεταφορικά ως έδρα των συγκινήσεων και των συναισθημάτων – άποψη εντελώς αβάσιμη, δεδομένου ότι δεν ήταν τίποτε περισσότερο από μια επιβίωση κάποιας παλιάς πανανθρώπινης δοξασίας. Σήμερα είναι γνωστό πως οι συγκινήσεις και τα συναισθήματα εδρεύουν στο στομάχι και πως αναπτύσσονται από τις τροφές με τη χημική δράση του γαστρικού υγρού.

Καρτερικότητα *ουσ.* Η τάση ν' αντιμετωπίζεις με ηρεμία και αυτοσυγκράτηση τις προσβολές, ενώ μέσα σου ωριμάζει ένα σχέδιο εκδίκησης.

Καρτεσιανός *επίθ.* Ο σχετικός με τον Ντεκάρτ [René Descartes, 1596-1650], το διάσημο φιλόσοφο που έγραψε το περίφημο ρητό Cogito ergo sum [Σκέπτομαι· άρα υπάρχω], ευελπιστώντας πως αποδείκνυε την πραγματικότητα της ανθρώπινης ύπαρξης. Οπωσδήποτε, το ρητό θα μπορούσε να βελτιωθεί αν γινόταν Cogito cogito, ergo cogito sum «Νομίζω πως σκέπτομαι, άρα νομίζω πως υπάρχω». Έτσι θ' αποκτούσε την ακρίβεια, στην οποία στοχεύει κάθε φιλόσοφος.

Καταγωγή *ουσ.* Το γνωστό τμήμα της διαδρομής απ' ένα δενδρόβιο πρόγονο με νηκτική κύστη[34] σ' έναν αστό απόγονο με πούρο.

Κατακλυσμός *ουσ.* Η πρώτη σημαντική εμπειρία βαπτίσματος, με την οποία ξεπλύθηκαν οι αμαρτίες (κι οι αμαρτωλοί μαζί) από τον κόσμο.

Καταριέμαι *ρ. μτβ.* Ξυλοφορτώνω κάποιον μ' ένα γλωσσικό ματσούκι.

Κατεργάρης *ουσ.* Κατά την άποψη του άλλου, βλάκας.

Κατεργαριά *ουσ.* Η επιθετική βλακεία. Η ενεργητικότητα μιας θεότυφλης σκέψης.

Κατηγορώ *ρ. μτβ.* Διαβεβαιώνω τους πάντες για την ενοχή ή την ευτέλεια κάποιου, προκειμένου ν' απαλλαγώ από την κατηγορία πως τον πήρα στο λαιμό μου.

Κάτοικος *επίθ.* Αυτός που δεν μπορεί να πάει αλλού.

Κατόρθωμα *ουσ.* Ο θάνατος του φιλότιμου και η γέννηση της ξεφτίλας.

Κένταυρος *ουσ.* Μέλος μιας φυλής που υπήρχε πριν την πλήρη ανάπτυξη του καταμερισμού της εργασίας. Οι Κένταυροι ακολουθούσαν την πρωτόγονη οικονομική αρχή «Κάθε άνθρωπος και το άλογό του». Ο καλύτερος Κένταυρος ήταν ο Χείρων, ο οποίος συνδύαζε τη σοφία και το ήθος του αλόγου με την ταχύτητα του ανθρώπου.

Κέρβερος *ουσ.* Το μαντρόσκυλο του Άδη. Δουλειά του ήταν να φυλάει την πόρτα, άγνωστο για ποιο λόγο. Είναι βέβαιο πως, αργά ή γρήγορα, όλοι εκεί πηγαίνουμε, αλλά κανείς δεν έχει την παραμικρή διάθεση να παραβιάσει την πόρτα.

Κεφαλοθραύστης *ουσ.* Διακοσμητικό αντικείμενο που συναντάται στα γραφεία και συμβολίζει την εξουσία. Η μορφή του – ένα βαρύ ρόπαλο - δείχνει την κανονική του λειτουργία: να μεταπείθει τους διαφωνούντες.

Κηδεία *ουσ.* Το οργανωμένο θέαμα, με το οποίο δείχνουμε την εκτίμησή μας στο νεκρό, πλουτίζουμε τον εργολάβο κηδειών και τονώνουμε τη θλίψη μας με μια επιπρόσθετη δαπάνη, που δίνει βάθος στους αναστεναγμούς μας και διπλασιάζει τα δάκρυά μας.

Κίσσα *ουσ.* Πουλί, του οποίου η προδιάθεση για την κλεψιά ενέπνευσε σε μερικούς την ιδέα πως μπορεί να μάθει να μιλάει.

Κλαρίνο *ουσ.* Όργανο βασανιστηρίων, το οποίο χειρίζεται κάποιος με μπαμπάκι στ' αυτιά. Υπάρχουν δυο όργανα που είναι χειρότερα από ένα κλαρίνο: δύο κλαρίνα.

Κλεπτομανής *ουσ.* Ένας πλούσιος κλέφτης.

Κληρονομιά *ουσ.* Δώρο από κάποιον που «την κάνει» απ' αυτήν εδώ την κοιλάδα των δακρύων.

Κοιλιά *ουσ.* Ο ναός του θεού Στομάχου, τον οποίο υποχρεούται να λατρεύει – προσφέροντας τις ανάλογες θυσίες – κάθε σωστός άντρας. Η αρχαία αυτή λατρεία δεν απαιτεί απ' τις γυναίκες παρά μόνο κάτι μισόλογα. Κάπου-κάπου διακονούν το βωμό με μισή καρδιά και χωρίς ιδιαίτερα αποτελέσματα, αλλά δεν ένοιωσαν ποτέ πραγματικό σεβασμό για τη μοναδική θεότητα που λατρεύουν οι άντρες. Αν οι γυναίκες είχαν το πάνω χέρι στην παγκόσμια αγορά, θα βοσκούσαμε χορτάρι.

Κοινοπολιτεία *ουσ.* Διοικητικός φορέας, αποτελούμενος από ένα αμέτρητο πλήθος πολιτικών παρασίτων, λογικά χρήσιμος, αλλά σπάνια αποτελεσματικός.

Κοινοτοπία *ουσ.* Ο θεμέλιος λίθος της ιδιαίτερης αίγλης που παρουσιάζει η δημοφιλής λογοτεχνία. Μια σκέψη που ροχαλίζει λέξεις που βγάζουν καπνούς. Η σοφία

Μελάνη: *Κάποιοι που ονομάζονται δημοσιογράφοι έχουν φτιάξει λουτρά μελάνης.*

ενός εκατομμυρίου ηλιθίων, με τα λόγια ενός αργόστροφου. ΄Ενα απολίθωμα συναισθήματος σε τεχνητό βράχο. ΄Ενα δίδαγμα χωρίς μύθο. ΄Ο,τι είναι νεκρό σε μια νεκρή αλήθεια. ΄Ενα φλιτζάνι γεμάτο «πιεστογάλασουναδυναμώσεις». Η ουρά ενός μαδημένου παγωνιού. Μια τσούχτρα ξεβρασμένη στην ακτή της σκέψης. Το κακάρισμα που επιβίωσε του αυγού. ΄Ενα αποξηραμένο επίγραμμα.

Κοπανατζής *ουσ.* Ο εισοδηματίας που είχε την προνοητικότητα να τοποθετήσει εαυτόν εκτός δικαιοδοσίας του νόμου περί φορολογίας.

Κόρος *ουσ.* Η αίσθηση που προκαλεί σε κάποιον το πιάτο, αφού φάει το περιεχόμενό του, κυρία μου.

Κούπιντ *ουσ. [<λατιν. Cupid]* ΄Ετσι ονομάζεται {στα λατινικά} ο θεός του έρωτα. Αυτό το μπάσταρδο της πιο βάρβαρης φαντασίας, αναμφίβολα επιβλήθηκε στη μυθολογία λόγω των αισχροτήτων των θεών της. Απ' όλα τα εκτρωματικά και βρωμερά δημιουργήματά της, είναι το πιο παράλογο κι ενοχλητικό. Η ιδέα να συμβολιστεί ο σεξουαλικός έρωτας μ' ένα σχεδόν ουδέτερο σεξουαλικά μωρό, να παραλληλιστούν οι πόνοι του πάθους με την πληγή που ανοίγει ένα βέλος και να εισαχθεί αυτό το κοντόχοντρο ανθρωποειδές στην τέχνη, προκειμένου να εκφραστεί εντελώς άγαρμπα ένα τόσο λεπτό περιεχόμενο, είναι πολύ σημαντική για την εποχή που την γέννησε. Κατάφερε να μείνει για πάντα στην εξώπορτα της ανάπτυξης.

Κουταμάρα *ουσ.* Το είδος θείας έμπνευσης ή ιερής φλόγας που εμψυχώνει τους καυστικούς κριτικούς του ανά χείρας λεξικού.

Κουτεντές *ουσ.* Μέλος της δυναστείας που βασιλεύει στα γράμματα και στη ζωή. Οι Κουτεντέδες προέρχονται από τον Αδάμ. Καθώς ήταν πολλοί και ιδιαίτερα εύρωστοι, κατέκλυσαν τον κατοικήσιμο κόσμο. Το μυστικό της δύναμής τους είναι η αναισθησία στα χτυπήματα. Αν τους γαργαλήσεις μ' ένα στειλιάρι, θα βάλουν τα γέλια, σαν χαζοί.

Κρεμάλα *ουσ.* Μια παμπάλαια συσκευή που υπενθυμίζει στους δολοφόνους πως είναι κι αυτοί θνητοί.

Κρασί *ουσ.* Προϊόν ζύμωσης χυμού σταφυλιού, γνωστό στη Χριστιανική Ένωση Γυναικών ως «λικέρ» και μερικές φορές ως «ρούμι». Το κρασί, κυρίες μου, είναι το δεύτερο καλύτερο δώρο του Θεού στον άνθρωπο.

Κρίνω *ρ. μτβ.*

> Βάζω την αναμφίβολα μεγάλη μου σοφία,
> που ωστόσο έχει πάθει ασιτία,
> να διαβάσει ένα βιβλίο και να βρει
> πως οπωσδήποτε διαθέτει την αξία
> που πρωτοδιάβασε εκεί.

Κριτικός *ουσ.* Άτομο που υπερηφανεύεται πως ικανοποιείται πολύ δύσκολα, επειδή κανείς δεν προσπαθεί να τον ικανοποιήσει.

Κρυφακούω *ρ. αμτβ.* Φτάνει στ' αυτιά μου εντελώς τυχαία – και χωρίς να γίνω αντιληπτός – η απαρίθμηση των εγκλημάτων και των αχρειοτήτων κάποιου άλλου ή εμού του ιδίου.

Κτήνος *ουσ.*[Βλέπε λήμμα Σύζυγος].

Κυνικός *ουσ.* Το κάθαρμα που η ελαττωματική του όραση τον κάνει να βλέπει τα πράγματα όπως είναι, όχι όπως θα έπρεπε να είναι. Γι' αυτό οι Σκύθες έβγαζαν τα μάτια των Κυνικών. Για να τους βελτιώσουν την όραση.

Κύφων[35] *ουσ.* Μηχανική κατασκευή κοινωνικής ανάδειξης. Πρόκειται για τον πρόγονο των σύγχρονων εφημερίδων. Τον χειρίζονται άτομα με αυστηρές αρχές και άμεπτο βίο.

Λαιμητόμος *ουσ.* Το μηχάνημα που κάνει έναν Γάλλο να ανασηκώνει τους ώμους του για σοβαρό λόγο.

Λάρνακα *ουσ.* Δοχείο φύλαξης ιερών αντικειμένων, όπως κομμάτια τίμιου ξύλου, απομεινάρια αγίων, τ' αυτιά του γαϊδάρου του Βαλαάμ[36], τα πνευμόνια του πετεινού που έκανε τον Πέτρο ν' αρνηθεί τον Χριστό κτλ. Οι λάρνακες είναι συνήθως μεταλλικές και φέρουν κλειδαριά, που προστατεύει το περιεχόμενο από το ενδεχόμενο να βγει έξω και ν' αρχίσει να κάνει θαύμα σε εντελώς άσχετο χρόνο.

Λατρεία *ουσ.* Λαϊκή μορφή εξαθλίωσης. Διαθέτει ένα κάποιο στοιχείο υπερηφάνειας.

Λατρεύω *ρ. μτβ.* Σέβομαι ελπίζοντας.

Λάχανο *ουσ.* Γνωστό νόστιμο κηπευτικό, μεγάλο και σοφό όσο το κεφάλι ενός άντρα. Το λάχανο πήρε το όνομά του από τον Λαχάνιο, έναν πρίγκιπα που, όταν ανέβηκε στο θρόνο, εξέδωσε διάταγμα για τη σύσταση Ανωτάτου Αυτοκρατορικού Συμβουλίου, στο οποίο θα συμμετείχαν οι υπουργοί του προκατόχου του και τα λάχανα του βασιλικού κήπου. Κάθε φορά που αποτύγχανε ένα κυβερνητικό μέτρο, η Μεγαλειότητά του ανακοίνωνε τον αποκεφαλισμό ορισμένων μελών του Συμβουλίου κι έτσι οι υπήκοοι σταματούσαν να γκρινιάζουν.

Λεηλατώ *ρ.* Παίρνω την περιουσία κάποιου, χωρίς την κόσμια και καθιερωμένη επιφυλακτικότητα του κλέφτη. Πραγματοποιώ μεταβίβαση ιδιοκτησίας υπό τους απόλυτα ειλικρινείς ήχους μιας ορχήστρας χάλκινων πνευστών. Αρπάζω τον πλούτο του Α από τον Β κι αφήνω τον Γ να θρηνεί μια χαμένη ευκαιρία.

Λεξικό *ουσ.* Κακόβουλη φιλολογική κατασκευή που εμποδίζει την ανάπτυξη μιας γλώσσας, κάνοντάς την δύσκολη κι ανελαστική. Όπως και να 'χει, το παρόν Λεξικό είναι πιο χρήσιμο.

Λεξικογράφος *ουσ.* Ενοχλητικός τύπος που, φιλοδοξώντας να καταγράψει κάποιο συγκεκριμένο στάδιο της εξέλιξης μιας γλώσσας, κάνει ό,τι μπορεί για ν' ανακόψει την πορεία της, να μειώσει την πλαστικότητά της και να τυποποιήσει τις λειτουργίες της. Ο λεξικογράφος μας, αφού γράψει το λεξικό του, φτάνει στο σημείο να θεωρείται «αυθεντία», άσχετα αν δουλειά του ήταν μόνο να περιγράψει κι όχι να νομοθετήσει. Η φυσική δουλικότητα του ανθρωπίνου πνεύματος τον περιβάλλει με νομική εξουσία, παραιτείται από το δικαίωμά της στη λογική και υποτάσσεται σε μιαν ιστορική αφήγηση, που την αντιμετωπίζει σαν απόφαση δικαστηρίου. Αρκεί μια καλή λέξη να χαρακτηρίσει στο λεξικό «ξεπερασμένη» ή «απαρχαιωμένη», κι αμέσως ελάχιστοι άνθρωποι διακινδυνεύουν να την χρησιμοποιήσουν, όσο κι αν τους είναι απαραίτητη, όσο κι αν θα προτιμούσαν να ξαναποκτήσει το παλιό της κύρος. Κάπως έτσι φτωχαίνει η γλώσσα συνεχώς, και κάπως έτσι μαραζώνει. Από την άλλη, αναγνωρίζοντας το γεγονός πως η γλώσσα πρέπει να αναπτύσσεται – αν τελικά αναπτύσσεται – μέσω καινοτομιών, ο συγγραφέας δημιουργεί νέες λέξεις και χρησιμοποιεί τις παλιές με ασυνήθιστο τρόπο. Φυσικά, οι άλλοι δεν τον ακολουθούν και του επισημαίνουν πικρόχολα πως «αυτό δεν υπάρχει στο λεξικό», παρόλο που, από την εποχή του πρώτου λεξικογράφου (Ο Θεός να τον συγχωρέσει!),, κανείς δεν χρησιμοποίησε μια λέξη επειδή υπήρχε στο λεξικό. Στη διάρκεια της χρυσής εποχής της αγγλικής γλώσσας, όταν από τα χείλη των μεγάλων Ελισαβετιανών έβγαιναν λέξεις που δημιουργούσαν το δικό τους ξεχωριστό νόημα και το μετέφεραν με το δικό τους ξεχωριστό ήχο, όταν μπορούσε να γεννηθεί ένας Σαίξπηρ [William Shakespeare, 1564-1616] και να

Επανάσταση: *Η απότομη αλλαγή του τρόπου κακοδιοίκησης*

υπάρξει ένας Μπέικον [Francis Bacon, 1561-1626] κι η γλώσσα, που απ' τη μια φθειρόταν γρήγορα κι από την άλλη ανανεωνόταν αργά, άλλαξε με ορμή, δείχνοντας παράλληλα απίστευτη αντοχή – γλυκύτερη απ' το μέλι, πιο δυνατή κι απ' το λιοντάρι – ο λεξικογράφος ήταν άγνωστο πρόσωπο και το λεξικό ένα δημιούργημα του οποίου ο δημιουργός δεν είχε ακόμη δημιουργηθεί από το Δημιουργό του για να το δημιουργήσει.

Λευκός *επίθ.* και *ουσ.* Μαύρος.

Λήθη *ουσ.* Η τεχνητή ή φυσική συνθήκη αφοπλισμού των απαράδεκτων και ανάπαυσης των ανυπόφορων συνανθρώπων μας. Η αιώνια χωματερή των διασημοτήτων. Η κατάψυξη των υψηλών προσδοκιών. Ο τόπος όπου οι φιλόδοξοι συγγραφείς αντιμετωπίζουν τα βιβλία τους χωρίς έπαρση και τους καλύτερους συναδέλφους τους χωρίς μνησικακία. Μια κρεβατοκάμαρα χωρίς ξυπνητήρι.

Ληστής *ουσ.* Ένας ειλικρινής επιχειρηματίας.

Λιμάνι *ουσ.* Το μέρος όπου καταφεύγουν τα πλοία για να γλιτώσουν από τους ανέμους και να χτυπηθούν απ' τη μανία των τελωνειακών αρχών.

Λιπαρός *επίθ.* Ελαιώδης, λείος, απαλός.

Κάποτε ο Ντισραέλι [Benjamin Disraeli, 1804-1881]. χαρακτήρισε τη συμπεριφορά του Επισκόπου Γουάιλντερφόρς [Samuel Wilberforce, 1805-1873], «γλοιώδη, λιπαρή, σαπωνοειδή». Από τότε, ο καλός ιεράρχης ήταν γνωστός σαν "Σαμ ο Σαπουνάδας". Για κάθε άνθρωπο υπάρχει μια έκφραση που μπορεί να του κολλήσει και να γίνει σκιά του. Οι εχθροί του δεν έχουν παρά να διαλέξουν την κατάλληλη.

Λογική *ουσ.* Η τέχνη να σκέπτεσαι και να βγάζεις σωστά συμπεράσματα, ακολουθώντας με απόλυτη ακρίβεια τους περιορισμούς και τις αδυναμίες του ανθρώπινου παραλογισμού. Βάση της λογικής είναι ο συλλογισμός, ο οποίος αποτελείται από μία μείζονα και μια ελάσσονα λογική πρόταση [τις επιλεγόμενες προκείμενες] και το συμπέρασμα.

Μείζων προκείμενη: Έξι άνδρες μπορούν να κάνουν μια δουλειά έξι φορές πιο γρήγορα από έναν άνδρα.

Ελάσσων προκείμενη: Ένας άνδρας μπορεί να ανοίξει την τρύπα που θα στηθεί ένα τηλεγραφόξυλο σε έξι δευτερόλεπτα. Άρα...

Συμπέρασμα: Έξι άνδρες μπορούν να ανοίξουν την τρύπα που θα στηθεί ένα τηλεγραφόξυλο σε ένα δευτερόλεπτο. Ο συγκεκριμένος συλλογισμός μπορεί να ονομαστεί αριθμητικός. Συνδυάζει τη λογική με τα μαθηματικά. Αυτός εξασφαλίζει διπλή βεβαιότητα, κι εμείς διπλούς επαίνους.

Λογικός *επίθ.* Αυτός που έχει αποβάλει όλες τις ψευδαισθήσεις, εκτός από την παρατήρηση, την εμπειρική διαπίστωση και το συλλογισμό.

Λογοκλοπή *ουσ.* Λογοτεχνική σύμπτωση που διαδραματίζεται μεταξύ ενός αχρείου πρωτοπόρου κι ενός έντιμου επιγόνου.

Λογομαχία *ουσ.* Ο πόλεμος στον οποίο τα όπλα είναι λέξεις και τα τραύματα, τρυπίτσες στο σωσίβιο της αυτοεκτίμησης. Πρόκειται για ένα είδος αγώνα, του οποίου ο νικητής παραιτείται από τη νίκη του, καθώς ο ηττημένος δεν εννοεί να συνειδητοποιήσει την ήττα του.

Λυκάνθρωπος *ουσ.* Ένας λύκος που ήταν – ή και ενίοτε είναι - άνθρωπος. Οι λυκάνθρωποι έχουν έμφυτη κακία. Παίρνουν τη μορφή ζώου για να ικανοποιήσουν έμφυτα κτηνώδη ένστικτα . Όμως ορισμένοι, που υπήρξαν θύματα μαγείας, συνδυάζουν την ανθρώπινη μορφή με την επίκτητη προτίμηση για το ανθρώπινο κρέας.

Λύρα *ουσ.* Αρχαίο όργανο βασανισμού.

Λύτρα *ουσ.* Το ποσό με το οποίο αγοράζεται κάτι που δεν ανήκει στον πωλητή και δεν μπορεί ν' ανήκει στον αγοραστή. Η πιο ασύμφορη επένδυση.

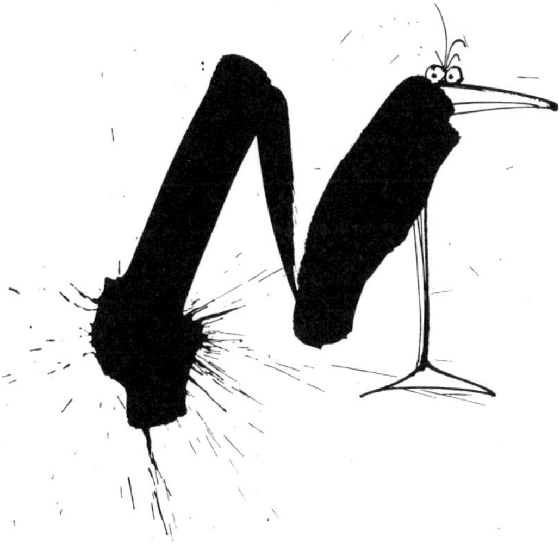

Μαγιονέζα *ουσ.* Μια από τις σάλτσες που χρησιμοποιούν οι Γάλλοι αντί για επίσημη θρησκεία.

Μάγισσα *ουσ.* [1] Κάθε άσχημη και σιχαμένη γριά, που έχει ανίερες επαφές με το διάβολο. [2] Μια όμορφη και «ζουμερή» γυναίκα που έχει ανίερες επαφές μεταξύ άλλων και με το διάβολο.

Μαγνήτης *ουσ.* Κάτι που το επηρεάζει ο μαγνητισμός.

Μαγνητισμός *ουσ.* Κάτι που επηρεάζει το μαγνήτη.

Οι δύο μόλις προαναφερθέντες ορισμοί συμπυκνώνουν τις εργασίες χιλίων επιφανών επιστημόνων, οι οποίοι φώτισαν το ζήτημα με μπόλικο δυνατό φως, προσφέροντας ανυπολόγιστες υπηρεσίες στην πρόοδο της ανθρώπινης γνώσης.

Μάζα *ουσ.* Πλήθος ανθρώπων. Η πηγή της πολιτικής σοφίας και αρετής. Στη δημοκρατία, είναι αντικείμενο του παθιασμένου έρωτα κάθε δημόσιου άνδρα. Το πλήθος είναι τόσο σοφό όσο το σοφότερο μέλος του, στο οποίο υπακούει. Αν όχι, δεν είναι σοφότερο από το πιο ηλίθιο.

Μαιανδρισμός *ουσ.* Το άσκοπο οφιοειδές πήγεν'-έλα. Μαίανδρο έλεγαν οι αρχαίοι ένα ποταμό που βρισκόταν γύρω στα εκατό μίλια βόρεια της Τροίας και ελισσόταν συνεχώς, προσπαθώντας ν' αποφύγει τους Έλληνες και τους Τρώες όταν άρχιζαν να κοκορεύονται για την παλικαριά τους.

Μαϊμού *ουσ.* Δενδρόβιο ζώο που πάει και φωλιάζει στα γενεαλογικά δέντρα.

Μακροβιότητα *ουσ.* Ασυνήθιστη παράταση του φόβου για το θάνατο.

Μαλθουσιανικός *επίθ.* Ο σχετικός με τον Μάλθους[37] και τις θεωρίες του. Ο Μάλθους πίστευε στον έλεγχο των γεννήσεων, αλλ' ανακάλυψε πως αυτό δεν μπορούσε να γίνει μόνο με λόγια. Ένας από τους πιο αποτελεσματικούς υποστηρικτές των ιδεών του Μάλθους ήταν ο Ηρώδης ο Ιουδαίος, αν και όλοι οι διάσημοι στρατιωτικοί λίγο ως πολύ με τον ίδιο τρόπο σκέπτονταν.

Μαμμωνάς[38] *ουσ.* Ο θεός της ισχυρότερης θρησκείας του κόσμου. Ο μητροπολιτικός ναός του βρίσκεται στην ιερή πόλη της Νέας Υόρκης.

Μανιχαϊσμός *ουσ.* Η αρχαία περσική διδασκαλία για την αιώνια πάλη του Καλού με το Κακό. Όταν το Καλό εγκατέλειψε τον καυγά, οι Πέρσες πέρασαν στην πλευρά του Νικητή.

Μάννα (το) *ουσ.* Τροφή που δόθηκε ως εκ θαύματος στους Ισραηλίτες, ενώ βρίσκονταν στην έρημο. Όταν σταμάτησε ο σχετικός ανεφοδιασμός, εγκαταστάθηκαν μόνιμα σ' έναν τόπο, όργωσαν τη γη και σε πρώτη φάση χρησιμοποίησαν για λίπασμα τους ιθαγενείς κατοίκους της.

Μαντεία *ουσ.* Η τέχνη της αποκάλυψης του απόκρυφου. Η Μαντική έχει τόσα είδη, όσες ποικιλίες φρούτων κάνουν τα ανθισμένα τούβλα και οι πρώιμοι ηλίθιοι.

Μαντίλι *ουσ.* Μικρό τετράγωνο κομμάτι μεταξένιου ή λινού υφάσματος, που χρησιμοποιείται σε διάφορες ποταπές δουλειές του κεφαλιού και ειδικά για να κρύβει την απουσία δακρύων στις κηδείες.

Μάρτυρας *ουσ.* Αυτός που οδηγείται με ιδιαίτερη απροθυμία σε έναν ιδιαίτερα επιθυμητό θάνατο.

Μάστανγκ[39] *ουσ. [<αγγλ. Mustang]* Ατίθασο άλογο των πεδιάδων της Δύσης. Στην Αγγλία, είναι η Αμερικανή σύζυγος ενός Άγγλου αριστοκράτη.

Ματαιοδοξία *ουσ.* Ο φόρος τιμής του ηλιθίου στον πλησιέστερο γάιδαρο.

Μαυσωλείο *ουσ.* Η τελευταία και πιο αστεία ανοησία του πλούσιου.

Μαχαιρώνω *ρ. μτβ.* Αποφαίνομαι για κάποιον, όταν δεν μπορεί να αποφανθεί για μένα.

Μάχη *ουσ.* Η μέθοδος να λύνεις με τα δόντια ένα πολιτικό κόμπο που δεν λύνεται με τη γλώσσα.

Μεγαλειότητα *ουσ.* Η πολιτική υπόσταση και ο τίτλος ενός βασιλιά. Αντιμετωπίζεται με εύλογη περιφρόνηση από τους Επιφανείς Άρχοντες, τους Μεγάλους Καγκελάριους, τους Μεγάλους Ινκοχόνι[40] και τους Καίσαρες των αρχαίων κι ένδοξων τάξεων της δημοκρατικής Αμερικής.

Μέγαρο *ουσ.* Η πολυτελής και εξαιρετικά δαπανηρή κατοικία, ιδίως των σημαντικών δημοσίων λειτουργών. Η κατοικία ενός υψηλόβαθμου στελέχους της Χριστιανικής Εκκλησίας ονομάζεται παλάτι, ενώ η κατοικία του Ιδρυτή της θρησκείας του, χωράφι ή πεζοδρόμιο. Αυτό είναι εξέλιξη!

Μεθώ *ρ.* Το τσούζω, τα κοπανάω, τα σφίγγω, μπεκρουλιάζω, γίνομαι φέσι, ντάγκλα, λιώμα, πίτα. Στο επίπεδο του μεμονωμένου ατόμου, η μέθη θεωρείται απαράδεκτη, αλλά σε παγκόσμιο επίπεδο η εθνική μέθη φέρνει τα κράτη στο προσκήνιο τους πολιτισμού και της δύναμης. Στην αναμέτρησή τους με τους Χριστιανούς, που είναι γεροί πότες, οι αμάθητοι Μωαμεθανοί πέφτουν ξεροί· τους θερίζει κανονικά. Στην Ινδία, εκατό χιλιάδες Βρετανοί που τρέφονται με μοσχαρίσιο κρέας και ρουφάνε ακατάσχετα μπράντι με σόδα, κρατούν υπόδουλους πενήντα εκατομμύρια χορτοφάγους που δεν βάζουν στο στόμα τους σταλιά οινόπνευμα και είναι επίσης Άριοι. Με πόση άνεση και χάρη έδιωξαν οι Αμερικανοί εραστές του ουίσκυ τους εγκρατείς Ισπανούς από τις περιουσίες τους! Από την εποχή που οι Βερζέκεροι[41] επέδραμαν στις ακτές της Δυτικής Ευρώπης κι άραξαν μεθυσμένοι στα κατακτημένα λιμάνια, η ίδια δουλειά γίνεται: οι λαοί που πίνουν πολύ θεωρούνται κάπως καλύτεροι – αν και όχι ηθικά άμεμπτοι – πολεμιστές. Ως εκ τούτου, οι αξιότιμες γηραιές κυρίες που εκδίωξαν την καντίνα από τον αμερικανικό στρατό, μπορούν δικαίως να υπερηφανεύονται πως ενίσχυσαν τη στρατιωτική ισχύ του έθνους.

Μελάνη *ουσ.* Δηλητηριώδες παρασκεύασμα από ταννικό γάλλιο του σιδήρου, αραβικό κόμμι και νερό, κυρίως χρησιμοποιούμενο στη διευκόλυνση της μόλυνσης από βλακεία και στη διάδοση της πνευματικής εγκληματικότητας. Οι ιδιότητες της μελάνης είναι παράξενες και αντιφατικές: μπορεί να χρησιμοποιηθεί για να δημιουργήσει και να εξαφανίσει, να μαυρίσει και να λευκάνει υπολήψεις, αλλά η συνηθέστερη και πιο αποδεκτή χρήση της είναι η οικοδομική. Πρώτα συνδέει του λίθους ενός οικοδομήματος φήμης κι ύστερα καλύπτει – σαν σοβάς – την κακή ποιότητα του υλικού. Υπάρχουν κάποιοι που ονομάζονται δημοσιογράφοι κι έχουν φτιάξει λουτρά μελάνης, στα οποία μερικοί πληρώνουν για να μπουν και μερικοί άλλοι για να βγουν. Καμιά φορά συμβαίνει αυτός που πλήρωσε για να μπει, να πληρώνει τα διπλάσια για να βγει.

Μέλλον *ουσ.* Η χρονική περίοδος, στη διάρκεια της οποίας οι δουλειές μας ανθούν, οι φίλοι μας είναι πιστοί και η ευτυχία μας σίγουρη.

Μέντιουμ *ουσ.* Το άτομο – συνήθως γυναίκα – που έχει την ικανότητα να βλέπει πράγματα που δεν βλέπουν οι πελάτες του, οι οποίοι, δηλαδή, είναι εντελώς βλάκες.

Μέρα *ουσ.* Χρονική περίοδος που περιλαμβάνει είκοσι τέσσαρες ώρες, από τις οποίες οι περισσότερες πάνε χαμένες. Χωρίζεται σε δύο μέρη: την ορθώς εννοούμενη μέρα και τη νύχτα ή καταχρηστική μέρα. Το πρώτο μέρος είναι αφιερωμένο στο αμάρτημα της εργασίας και το δεύτερο σε όλα τα άλλα αμαρτήματα. Αυτά τα δύο είδη κοινωνικών δραστηριοτήτων αλληλεπικαλύπτονται.

Μεσμερισμός[42] *ουσ.* ΄Ετσι ονομαζόταν ο υπνωτισμός

πριν βάλλει καλά ρούχα, αποκτήσει άμαξα και προσκληθεί σε δείπνο από την Καχυποψία.

Μεσοβασιλεία *ουσ.* Η περίοδος στην οποία μια χώρα με μοναρχικό πολίτευμα κυβερνάται από ένα ζεστό μαξιλαράκι θρόνου. Οι περισσότερες πειραματικές προσπάθειες για να επιτευχθεί η πλήρης ψύξη του μαξιλαριού είχαν απογοητευτικά αποτελέσματα, ένεκα της σφοδρής επιθυμίας ορισμένων προνομιούχων να το ξαναζεστάνουν.

Μετάλλιο *ουσ.* Μικρός μεταλλικός δίσκος που δίνεται για να επιβραβεύσει αρετές, κατορθώματα και υπηρεσίες πάνω-κάτω αξιόλογες.

Σχετίζεται με τον Μπίσμαρκ [Otto Edward Leopold von Bismark 1815 – 1898], που όταν πήρε ένα παράσημο για την ηρωϊκή διάσωση κάποιου ανθρώπου και του ζήτησαν να σχολιάσει τη σημασία της επιβράβευσής του, είπε: «Έχω σώσει μερικές ζωές». Και μερικές όχι.

Μεταμέλεια *ουσ.* Η ευσυνείδητη αρωγός και μαθήτρια της Τιμωρίας. Συνήθως εκφράζεται μ' ένα είδος εσωτερικής μεταμόρφωσης που δεν έρχεται σε αντίθεση με τη συνέχιση της αμαρτίας.

Μετανάστης *ουσ.* Το ακατατόπιστο άτομο, που νομίζει πως μια χώρα είναι καλύτερη από μιαν άλλη.

Μετανοιωμένος *επίθ.* Αυτός που υφίσταται ή περιμένει τιμωρία.

Μεταπίπτω *ρ.* Αλλάζω ξαφνικά απόψεις και προσχωρώ σε άλλο κόμμα. Η πιο αξιοσημείωτη μετάπτωση που έχει καταγραφεί είναι αυτή του Σαούλ από την Ταρσό[43], την οποία ο εξτρεμιστικός μας Τύπος σχολίασε σοβαρά με τη φράση: «Άλλαξε ο Μανωλιός...»

Μεταρρύθμιση *ρ.* Κάτι που ικανοποιεί κυρίως τους μεταρρυθμιστές, οι οποίοι αντιτάσσονται στη μεταρρύθμιση.

Μηδενιστής *ουσ.* Ένας Ρώσος που αρνείται συστηματικά πως υπάρχει οτιδήποτε άλλο εκτός απ' τον Τολστόι [Liev Nicolayevich Tolstoy, 1828-1910].

Μητρόπολη *ουσ.* Το προπύργιο του επαρχιωτισμού.

Μιγάς *ουσ.* Αυτός που οι γονείς του ανήκουν σε διαφορετικές φυλές και ντρέπεται και για τους δύο.

Μιλώ *ρ. μτβ.* Διαπράττω παράπτωμα, χωρίς να έχω μπει σε πειρασμό· από καθαρό ένστικτο, χωρίς συγκεκριμένο σκοπό.

Μισαλλόδοξος *ουσ.* Αυτός που αφοσιώνεται με πείσμα και φανατισμό στην άποψη που δεν αποδέχεσαι.

Μνήμα *ουσ.* Ο Οίκος της Αδιαφορίας. Σήμερα οι τάφοι θεωρούνται απ' όλους ιεροί, αλλά όταν κατοικούνται πολύ καιρό, δεν είναι τροπή να σπάσεις την πόρτα και

Μπελαντόνα: *Ωραία γυναίκα στα ιταλικά, τρομερό δηλητήριο στα αγγλικά.*

να τους λεηλατήσεις. Ο διάσημος αιγυπτιολόγος Δρ. Χούγκινς εξηγεί πως μπορούμε να «επισκεφτούμε» αθώα έναν τάφο, όταν ο κάτοικός του δεν «μυρίζει», πράγμα που σημαίνει πως η ψυχή έχει ήδη αναχωρήσει. Τη λογική αυτή άποψη αποδέχονται σήμερα όλοι οι αρχαιολόγοι, εξασφαλίζοντας στην ευγενή επιστήμη της Περιέργειας, υψηλού επιπέδου αξιοπρέπεια.

Μνημείο *ουσ.* Κτίσμα φτιαγμένο για να μας θυμίζει κάτι, το οποίο είτε δεν χρειάζεται είτε δεν μπορούμε να θυμόμαστε.

Μόδα *ουσ.* Ο τύραννος τον οποίο κοροϊδεύουν και στον οποίο υπακούουν οι σοφοί.

Μολύβι *ουσ.* Βαρύ γκριζογάλαζο μέταλλο, το οποίο χρησιμοποιείται για να σταθεροποιήσει τους περιστασιακούς εραστές, ιδίως εκείνους που έχουν την απρονοησία να μην ερωτεύονται σφόδρα παρά μόνο τις γυναίκες άλλων. Το μολύβι προσφέρει επίσης μεγάλες υπηρεσίες σαν αντίβαρο σε μια διαφωνία που είναι αρκετά βαριά, ώστε να γέρνει τη ζυγαριά του διαλόγου σε λάθος μεριά. Ένα εξαιρετικά ενδιαφέρον φαινόμενο της χημείας των διεθνών αντιπαραθέσεων είναι πως όταν έρθουν σε επαφή δύο πατριωτισμοί, δημιουργούν τεράστιες ποσότητες ιζήματος μολύβδου.

Μονάρχης *ουσ.* Αυτός που είναι υποχρεωμένος να βασιλεύει. Παλιότερα, ο μονάρχης ήταν ο μοναδικός άρχοντας, όπως μας πληροφορούν τα δύο συνθετικά της λέξης, και όπως είχαν την ευκαιρία να διαπιστώσουν οι ίδιοι οι υπήκοοι. Στη Ρωσία και την Ανατολή, ο μονάρχης επηρεάζει ακόμη σημαντικά τη ζωή και τα κεφάλια των υπηκόων του, αλλά στη Δυτική Ευρώπη τη διακυβέρνηση την έχει εμπιστευτεί ως επί το πλείστον στους υπουργούς του. Ο ρόλος περιορίζεται αποκλειστικά στο να σκέφτεται τι συμβαίνει στο κεφάλι του.

Μοναρχική Κυβέρνηση *ουσ.* Κυβέρνηση.

Μονή Καλογραιών *ουσ.* Το μέρος στο οποίο αποσύρονται οι γυναίκες που θέλουν να σκεφτούν με την άνεσή τους το ελάττωμα της τεμπελιάς.

Μονομαχία *ουσ.* Παραδοσιακή τελετή που προηγείται της συμφιλίωσης δύο εχθρών. Απαιτεί ιδιαίτερες ικανότητες και γνώσεις. Αν προετοιμαστεί και εκτελεστεί με αδέξιο τρόπο, μπορεί να έχει τα πλέον απρόσμενα και ολέθρια αποτελέσματα. Πριν από πολύ-πολύ καιρό, ένας άνθρωπος σκοτώθηκε σε μονομαχία.

Μόνος *επίθ.* Με βαρετή παρέα.

Μόριο *ουσ.* Στοιχειώδης, αδιαίρετη μονάδα ύλης, σαφώς διαφορετική από το σωμάτιο, που είναι επίσης στοιχειώδης, αδιαίρετη μονάδα ύλης παρόμοια με το άτομο, που είναι επίσης στοιχειώδης, αδιαίρετη μονάδα ύλης. Οι τρεις μεγάλες επιστημονικές θεωρίες για τη δομή του σύμπαντος είναι η μοριακή, η σωματιδιακή και η ατομική. Μια τέταρτη, που ανήκει στον Χάκελ[44], μας διαβεβαιώνει πως το σύμπαν είναι συμπύκνωση των βαρύτερων υλικών στοιχείων του αιθέρα, του οποίου η ύπαρξη αποδεικνύεται από τη συμπύκνωση των βαρύτερων υλικών στοιχείων του. Η πιο πρόσφατη επιστημονική τάση είναι το ιόν. Η διαφορά του ιόντος από το μόριο, το σωμάτιο και το άτομο, έγκειται στο γεγονός πως είναι ιόν. Μια πέμπτη θεωρία διατυπώθηκε από τους ηλιθίους. Είναι αμφίβολο, όμως, αν αυτοί μπορούν να γνωρίζουν για την ύλη κάτι περισσότερο από τους άλλους.

Μόρφωση *ουσ.* Το είδος άγνοιας που χαρακτηρίζει τους σπουδασμένους.

Μου *αντων.* Ο ανάρμοστος τύπος του Εγώ. Η προσωπική αντωνυμία έχει τρεις τύπους, τον εξουσιαστικό, τον ανάρμοστο και τον καταπιεστικό. Κάθε τύπος είναι οι άλλοι δύο.

Μούμια *ουσ.* Αρχαίος Αιγύπτιος, τον οποίο όλα τα σύγχρονα πολιτισμένα έθνη χρησιμοποιούσαν παλιότερα σαν φάρμακο. Σήμερα όμως υπηρετεί την τέχνη, παρέχοντας μιαν εξαιρετική χρωστική ουσία. Παράλληλα, χρησιμεύει και στα μουσεία, για να διασκεδάζει τη χυδαία περιέργεια που επιμένει να διακρίνει τον άνθρωπο από τα κατώτερα ζώα.

Μουρμούρας *ουσ.* Αυτός που κάνει κριτική στη δουλειά μας.

Μπάνιο *ουσ.* Είδος μυστηριακής τελετουργίας που αντικαθιστά κάποια θρησκευτική λατρεία, η χρησιμότητα της οποίας δεν έχει καθοριστεί.

Μπελαντόνα *ουσ.* Στα ιταλικά σημαίνει ωραία γυναίκα. Στα αγγλικά, τρομερό δηλητήριο. Έτσι, αποδεικνύεται η κοινή καταγωγή των δύο γλωσσών.

Μπράντυ *ουσ. [< αγγλ. Brandy].* Ηδύποτο φτιαγμένο με ένα μέρος μπαμ-μπουμ, ένα μέρος μετανιώματος, δυο μέρη άγριου ξεκοιλιάσματος, ένα μέρος πτωματοποίησης και τέσσερα μέρη καθαρού Σατανά. Ενδεδειγμένη δόση: ένα κρανίο ξέχειλο, κάθε στιγμή της μέρας. Το Μπράντυ, είπε ο Δρ. Τζόνσον [Samuel Johnson 1709-1784] είναι ποτό για ήρωες. Μόνο ένας ήρωας έχει το κουράγιο να το πιει.

Μύγα Τσετσέ *ουσ.* Αφρικανικό έντομο – Glossina morsitans – του οποίου το τσίμπημα θεωρείται το αποτελεσματικότερο φάρμακο για την αϋπνία, αν και μερικοί ασθενείς προτιμούν τον Αμερικανό μυθιστοριογράφο – Mendax interminabilis [Ψευδόμενος ο Αιώνιος].

Μυθιστόρημα[45] *ουσ.* Ένα παραγεμισμένο διήγημα. Είδος σύνθεσης που είναι για τη λογοτεχνία ό,τι το πανόραμα[46] για τη ζωγραφική. Λόγω του μεγάλου μήκους του, δεν μπορεί να διαβαστεί μονομιάς, και οι παραστάσεις που δημιουργούν τα διαδοχικά μέρη του εξαφανίζονται επίσης διαδοχικά, όπως ακριβώς στο πανόραμα. Εδώ δεν υπάρχει ενότητα, ούτε ενιαία εντύπωση, γιατί εκτός από τις τελευταίες σελίδες, στο μυαλό του αναγνώστη δεν μένει παρά μια πολύ γενική ιδέα για την πλοκή. Για τη μυθιστορία[47],το μυθιστόρημα είναι ό,τι η φωτογραφία για τη ζωγραφική. Η διαφοροποιός αρχή του, η αληθοφάνεια, αντιστοιχεί στη λεπτομερειακή παραστατικότητα της φωτογραφίας και το τοποθετεί σαφώς στην κατηγορία της δημοσιογραφικής ανταπόκρισης, ενώ, αντίθετα, η ελευθερία κινήσεων του συγγραφέα μυθιστοριών τού επιτρέπει να χρησιμοποιήσει όση φαντασία θέλει ο ίδιος. Οι τρεις βασικές αρχές της λογοτεχνίας είναι: φαντασία, φαντασία και φαντασία. Η τέχνη του μυθιστορήματος – τουλάχιστον με τη μορφή που είχε κάποτε – είναι προ πολλού νεκρή σε όλο τον κόσμο εκτός από τη Ρωσία, που είναι κάτι καινούργιο. Θεός σχωρέσ' τα ποθαμένα της – μερικά εκ των οποίων παρουσιάζουν τρελές πωλήσεις.

Μυθιστορία *ουσ.* Πεζογράφημα, το οποίο δεν οφείλει πίστη στο Θεό των Πραγμάτων Ως Έχουν. Στο μυθιστόρημα, η φαντασία του συγγραφέα είναι δεμένη στην αληθοφάνεια, σαν δαμασμένο άλογο στο παχνί, αλλά στη μυθιστορία καλπάζει κατά βούληση στ' απέραντα λιβάδια της φαντασίας: ελεύθερη, ασύδοτη, μακριά από γκέμια και χαλινάρια. Ο μυθιστοριογράφος μας είναι δυστυχισμένο πλάσμα, ένας απλός δημοσιογράφος, όπως θα έλεγε κι ο Καρλάιλ [Thomas Carlyle, 1795-1881]. Μπορεί να επινοήσει τους ήρωες και την πλοκή του, αλλά δεν πρέπει να φανταστεί κάτι αδύνατο να συμβεί, καίτοι η αφήγησή του είναι απαξαπάσα ένα καθαρό ψέμα. Επειδή επιβάλει αυτό το σκληρό καθεστώς στον εαυτό του και «πάντα σέρνει σε κάθε βήμα του την ατέλειωτη αλυσίδα»[48] που σφυρηλάτησε ο ίδιος, καταφέρνει να γράψει δέκα ολόκληρους τόμους, χωρίς ρίξει ούτε τη φλόγα ενός κεριού τρεμοσβηστού στην άβυσσο της άγνοιάς του για το θέμα του έργου του. Υπάρχουν κορυφαία μυθιστορήματα, που οι συγγραφείς τους «σπατάλησαν μια ολόκληρη ζωή» για να τα δημιουργήσουν, ωστόσο παραμένει αλήθεια πως το γοητευτικότερο πεζογράφημα που διαθέτουμε είναι το «Χίλιες και μία Νύχτες».

Μυθολογία *ουσ.* ΄Ετσι ονομάζεται το σύνολο των πρωτόγονων αντιλήψεων του ανθρώπου για την καταγωγή, την πρώιμη ιστορία, τους ήρωες, τους θεούς και τα συναφή, σε αντίθεση με τις αλήθειες που σκαρφίστηκε αργότερα.

Μύτη *ουσ.* Το μεθοριακό φυλάκιο του προσώπου. Απ' αφορμή που όλοι οι μεγάλοι κατακτητές είχαν τεράστιες μύτες, ο Γέτιος – συγγραφέας της προ-χιουμοριστικής εποχής – ονόμασε τη μύτη όργανο καταστολής. ΄Εχει παρατηρηθεί πως η μεγαλύτερη ευχαρίστηση μιας μύτης είναι να χώνεται στις υποθέσεις των άλλων, γεγονός που οδήγησε ορισμένους φυσιολόγους στο συμπέρασμα πως δεν διαθέτει όσφρηση.

Μωρό *ουσ.* Ατυχές πλάσμα ακαθόριστης ηλικίας, φύλου και τάξης. Τα μωρά είναι αξιοπρόσεκτα κυρίως για την ένταση των συμπαθειών και των αντιπαθειών που προκαλούν στους πάντες, χωρίς τα ίδια να εκδηλώνουν το παραμικρό συναίσθημα. Υπάρχουν διάσημα μωρά, όπως, για παράδειγμα, ο μικρός Μωυσής, του οποίου οι περιπέτειες με τα βούρλα ενέπνευσαν το δίχως άλλο, πριν από επτά αιώνες, στους Αιγυπτίους ιερείς τον ανόητο μύθο του Όσιρη, που όταν ήταν μικρός, λέει, σώθηκε πλέοντας πάνω σ' ένα φύλλο λωτού.

Ναύαρχος *ουσ.* Το τμήμα του πολεμικού πλοίου που μιλά, όταν σκέφτεται το ακρόπρωρο.

Νέα Καταμέτρηση *ουσ.* Στην αμερικανική πολιτική, νέα καταμέτρηση έχουμε όταν παίρνει τα ζάρια και στήνει καινούργια παρτίδα, το κοροϊδο της πρώτης – επίσης στημένης – παρτίδας.

Νεκροταφείο *ουσ.* Απομονωμένη περιοχή των προαστίων, όπου οι τεθλιμμένοι συγγενείς δίνουν αγώνες υποκρισίας, οι ποιητές βρίσκουν κάτι να γράψουν κι οι μαρμαράδες μαθαίνουν ορθογραφία.

Νεκροφόρα *ουσ.* Το παιδικό καροτσάκι του Χάρου.

Νέκταρ *ουσ.* Ποτό που έπιναν στα συμπόσιά τους οι θεοί του Ολύμπου. Το μυστικό της παρασκευής του έχει χαθεί, αλλά οι σύγχρονοι κάτοικοι του Κεντάκυ πιστεύουν πως βρίσκονται πολύ κοντά στην ανακάλυψη του κύριου συστατικού του.

Νεοσύλλεκτος *ουσ.* Άτομο που ξεχωρίζει απ' τον πολίτη λόγω της στολής του, κι απ' το στρατιώτη λόγω του βηματισμού του.

Νεότητα *ουσ.* Η περίοδος του Εφικτού. Όταν ο Αρχιμήδης [287-212 π.Χ.] επινοεί μοχλούς, η Κασσάνδρα εισακούγεται, κι επτά πόλεις διεκδικούν την πατρότητα του Ομήρου.

Η νεότητα είναι το πραγματικό βασίλειο του Σατούρνου,[49] η επάνοδος της Χρυσής Εποχής στη γη. Τότε τα γαϊδουράγκαθα καρπίζουν σύκα και τα γουρούνια είναι πεντακάθαρα, με μεταξένιες τρίχες και τρώνε μόνο τριφύλλι, κι οι αγελάδες πετούν και μοιράζουν γάλα στα σπίτια, και κανείς δεν έχει ακούσει τη Δικαιοσύνη να ροχαλίζει, κι όλοι οι δολοφόνοι είναι φαντάσματα που ουρλιάζουν και τρέχουν να κρυφτούν στη Βαλτιμόστη.[50]

Νεποτισμός *ουσ.* Να διορίζεις τη γιαγιά σου στο Δημόσιο για το καλό του κόμματος.

Νέστορας *ουσ.* Έτσι αποκαλείται στην πολιτική αυτός που υποφέρει από αυτοεκτίμηση και είναι εντελώς διαβρωμένος από τη διαστροφή της ανεξαρτησίας. Περιφρονητική έκφραση.

Νευτώνειος *επίθ.*Ο σχετικός με την κοσμολογική θεωρία του Νεύτωνα, που ανακάλυψε πως ένα μήλο θα πέσει στη γη, αλλά δεν μας είπε το γιατί. Οι συνεχιστές του έργου του κατάφεραν να συγκεντρώσουν τόσο σημαντικό ερευνητικό υλικό, ώστε να είναι σε θέση να μας πουν το πότε.

Νηπιακή Ηλικία *ουσ.* Η περίοδος της ζωής μας, στη διάρκεια της οποίας, σύμφωνα με τον Γουέρντζγουερθ [William Wordsworth,1770-1850)], «Μας κοροϊδεύουν οι Ουρανοί πως υπάρχουν μόνο για μας»[51]. Ο κόσμος αρχίζει να μας κοροϊδεύει αμέσως μετά.

Νιρβάνα *ουσ.* ΄Ετσι ονομάζεται στο Βουδισμό το στάδιο της απολαυστικής εκμηδένισης στο οποίο φτάνουν οι σοφοί, ιδίως εκείνοι που είναι αρκετά σοφοί ώστε να το καταλάβουν.

Νοέμβριος *ουσ.* Το ενδέκατο δωδέκατο μιας κούρασης.

Νόηση *ουσ.* Εγκεφαλική έκκριση, η οποία επιτρέπει στον κάτοχο του εγκεφάλου να αναγνωρίσει ένα σπίτι από το άλογο που βρίσκεται στη στέγη του. Η φύση και οι νόμοι της νόησης εξετάστηκαν διεξοδικά από τον Λοκ [John Locke, 1632-1704], που ήταν καλός ιππέας, και από τον Καντ [Immanuel Kant, 1724-1804], που ζούσε σε άλογο.

Νόμιμος *επίθ.* Συμβατός με την επιθυμία του δικαστή, στου οποίου τη δικαιοδοσία εμπίπτει.

Νοούμενον[52] *ουσ.* Αυτό που υπάρχει, σε αντίθεση με αυτό που απλά φαίνεται να υπάρχει και ονομάζεται φαινόμενο. Το νοούμενο είναι λιγουλάκι δύσκολο να το προσδιορίσουμε. Πρέπει οπωσδήποτε να χρησιμοποιήσουμε μια συλλογιστική διαδικασία, η οποία είναι ήδη φαινόμενο. Όπως και να 'χει, η ανακάλυψη και παρουσίαση των νοουμένων ανοίγει απέραντους ορίζοντες σ' αυτό που ο Λιούις[53] χαρακτηρίζει «ατέλειωτη ποικιλία και πρόκληση της φιλοσοφικής σκέψης». Ζήτω (συνεπώς) το Νοούμενον!

Νους *ουσ.* Μυστηριώδες υλικό σώμα κρυμμένο μέσα στον εγκέφαλό μας. Η κύρια δραστηριότητά του συνίσταται στην προσπάθεια διαλεύκανσης της ίδιας της φύσης του. Η ματαιότητα της προσπάθειας οφείλεται στο γεγονός πως το μόνο στοιχείο που διαθέτει για να προχωρήσει στη γνώση του εαυτού του είναι ο εαυτός του.

Ντεζενέ *ουσ. [<γαλλ. Dejeuner]* Το πρόγευμα του Αμερικανού που βρίσκεται στο Παρίσι. Προφέρεται όπως να 'ναι.

Νύφη *ουσ.* Μια γυναίκα με υπέροχες προοπτικές ευτυχίας πίσω της.

Νώτα (τα) *ουσ. πληθ.* Στον αμερικανικό στρατό, έτσι ονομάζεται το ακάλυπτο τμήμα του στρατού που βρίσκεται πιο κοντά στο Κογκρέσο.

Νεότητα: *Τα γαϊδουράγκαθα καρπίζουν σύκα και τα γουρούνια είναι πεντακάθαρα κι οι αγελάδες πετούν.*

Ξεκουράζομαι *ρ. αμτβ.* Σταματάω να ενοχλώ.

Ξένος *ουσ.* Αμερικανός ανώτατος άρχοντας, στη φάση της δοκιμασίας του.

Ξεπερνώ *ρ. μτβ.* Αποκτώ έναν εχθρό.

Ξεχειμωνιάζω *ρ. αμτβ.* Περνώ το χειμώνα απομονωμένος στην κατοικία μου. Υπάρχουν πολλές παράξενες λαϊκές αντιλήψεις για το ξεχειμώνιασμα των ζώων. Αρκετοί πιστεύουν πως η αρκούδα πέφτει σε νάρκη το χειμώνα και επιβιώνει βυζαίνοντας μηχανικά τα δάχτυλα των ποδιών της. Αυτό εξηγεί γιατί όταν βγαίνει από τη φωλιά της την άνοιξη καταφέρνει να ρίξει σκιά με... τη δεύτερη προσπάθεια!

Ξομπλιάστρα *ουσ.* Η γηραιά κυρία που τυχαίνει ν' αντιπαθείς. Λέγεται και κότα ή κατσούλα. Παλιά, τις μάγισσες, τις γητεύτρες, κλπ., τις έλεγαν ξομπλιάστρες επειδή πίστευαν πως γύρω στο κεφάλι τους υπήρχε μια επικίνδυνη λάμψη ή φωτοστέφανο. «Ξόμπλι» είναι η λαϊκή έκφραση για το στατικό ηλεκτρισμό που μαζεύεται στις τρίχες του κεφαλιού. Ακόμη παλιότερα, η λέξη «ξομπλιάστρα» δεν είχε κακή σημασία. Ο Ντράιτον [Michael Drayton, 1563-1631] μιλάει για μια «όμορφη ξομπλιάστρα, όλο χαμόγελα» και εννοεί αυτό ακριβώς που εννοούσε ο Σαίξπηρ [William Shakespear, 1564-1616] λέγοντας «γλυκιά κοπέλα». Σήμερα δεν ενδείκνυται να προσφωνείτε την αγαπημένη σας *ξομπλιάστρα*. Αφήστε καλύτερα να το κάνουν τα εγγόνια της.

Αγκαλιά: *Ένα από τα σημαντικότερα όργανα του γυναικείου σώματος*

Οδοντίατρος *ουσ.* Ένας ταχυδακτυλουργός που βάζει σίδερα στο στόμα σου και βγάζει νομίσματα από την τσέπη σου.

Οικονομία *ουσ.* Η αγορά ενός βαρελιού ουίσκυ που δεν χρειάζεσαι, στην τιμή της αγελάδας που δεν μπορείς ν' αποκτήσεις.

Οικονομική *ουσ.* Η τέχνη ή επιστήμη της διαχείρισης των οικονομικών με το «ι» μακρόσυρτο και τον τόνο στην πρώτη συλλαβή, είναι μια από τις πολυτιμότερες αμερικανικές επινοήσεις και αποτελεί σημαντική παρακαταθήκη του έθνους.

Οίκτος *ουσ.* Το αίσθημα απαλλαγής, που προκαλείται από μια αποτυχημένη αντιπαράθεση.

Ολύμπιος *επίθ.* Ο σχετικός με ένα βουνό της Θεσσαλίας, που κάποτε το κατοικούσαν θεοί και σήμερα είναι μια αποθήκη γεμάτη κιτρινισμένες εφημερίδες, μπουκάλια μπίρας και σαρδελοκούτια, τα οποία μας πληροφορούν για την ύπαρξη τουριστών με όρεξη.

Ομιλητής *ουσ.* Κάποιος που έχει το χέρι του στην τσέπη σου, τη γλώσσα του στο αυτί σου και πίστη στην υπομονή σου.

Ομιλία *ουσ.* Μια συνωμοσία του λόγου και της πράξης, με σκοπό την εξαπάτηση της σκέψης. Η τυραννία της γίνεται ηπιότερη με τη στενογραφία.

Ομοιοπαθητική *ουσ.* Σχολή ιατρικής μεταξύ της Αλλοπαθητικής[54] και της Χριστιανικής Επιστήμης. Η τελευταία θεωρεί τις άλλες δύο σαφώς κατώτερες, αφού αυτή θεραπεύει ασθένειες της φαντασίας, ενώ εκείνες δεν μπορούν.

Ομοιοπαθητικός *ουσ.* Ο γιατρός που διαθέτει χιούμορ.

Ομορφιά *ουσ.* Η δύναμη με την οποία μια γυναίκα γοητεύει έναν εραστή και τρομοκρατεί ένα σύζυγο.

Όντως *επίρρ.* Ίσως. Πολύ πιθανό.

Οπαδός *ουσ.* Ο υποστηρικτής που δεν έχει εξασφαλίσει ακόμη όσα προσδοκεί.

Όπερα *ουσ.* Θεατρικό έργο που περιγράφει τη ζωή σ' έναν κόσμο, όπου οι κάτοικοι δεν μιλούν αλλά τραγουδούν, δεν κινούνται αλλά κάνουν χειρονομίες και δεν στέκονται αλλά παίρνουν πόζα. Εκεί, κάθε δραστηριότητα είναι μίμηση. Η λέξη μίμηση προέρχεται από τη λέξη μαϊμού, πίθηκος. Συγκεκριμένα, στην όπερα οι ηθοποιοί παίρνουν σαν υπόδειγμα το είδος Μαϊμού Ηχούσα (ή Πιθηκάνθρωπος Στέντωρ), πίθηκος που ουρλιάζει δηλαδή.

Όπιο *ουσ.* Μια ξεκλείδωτη πόρτα στη φυλακή της Πανομοιότητας. Βγάζει στο προαύλιο των κρατουμένων.

Οπλίτης *ουσ.* Στρατιωτικός με μια στραταρχική ράβδο στο σακίδιό του και μιαν αναπηρία στο μέλλον του.

Οργή *ουσ.* Υψηλής ποιότητας και έντασης θυμός, κατάλληλος για πολύ σημαντικές προσωπικότητες και μεγαλειώδεις περιστάσεις. Π.χ. «Οργή Θεού», «Μέρα οργής», κλπ.

Όρεξη *ουσ.* Το ένστικτο με το οποίο μας προίκισε η Θεία Πρόνοια, προκειμένου να λύσουμε το εργατικό ζήτημα.

Ορθογραφία *ουσ.* Η επιστήμη του συλλαβισμού με το μάτι και όχι με το αυτί. Υποστηρίζεται (περισσότερο με πάθος, παρά με λογική) από ψυχοπαθείς που κυκλοφορούν ελεύθεροι. Αναγκάστηκαν να παραδεχθούν ορισμένες εξελίξεις της εποχής του Τσώσερ [Geoffrey Chaucer, περ.1343-1400], αλλά δεν φαίνονται ιδιαίτερα διατεθειμένοι να υπερασπιστούν οτιδήποτε συνέβη από κει και πέρα.

Ορθόδοξος *επίθ.* Το βόδι [ox] που ανέχεται το γνωστό λαϊκό αστείο[55].

Ορθός Λόγος *ουσ.* Η τάση προς την προκατάληψη.

Όρκος *ουσ.* Στη νομική, έτσι ονομάζεται η δέσμευση της συνείδησης απέναντι στο Θεό πως δεν θα περιπέσει στο παράπτωμα της ψευδορκίας.

Ορφανός *επίθ.* Ζωντανό άτομο, που ο θάνατος του στέρησε το προνόμιο της υϊκής αχαριστίας. Όλοι όσοι είναι ευαίσθητοι απέναντι στην ανθρώπινη φύση, εκφράζουν με ιδιαίτερη ευγλωττία τη συγκίνησή τους για το φτωχό και στερημένο. Το ορφανό, όταν είναι μικρό, εγκλείεται σε άσυλο, όπου αναλαμβάνουν να καλλιεργήσουν προσεκτικά τη στοιχειώδη του αίσθηση του χώρου και να του μάθουν τη θέση του. Ύστερα εκπαιδεύεται στις τέχνες της εξάρτησης και της υποτέλειας. Τέλος, ξαμολιέται στον κόσμο για να τον εκδικηθεί σαν λούστρος ή πλύστρα.

Όσιος *επίθ.* Ο αφιερωμένος στη θρησκεία. Αυτός που

Πιάνο: *Συσκευή σαλονιού για την καθυπόταξη των επίμονων επισκεπτών*

έχει ιερό χαρακτήρα και εμπνέει σοβαρές σκέψεις και σεπτά συναισθήματα, όπως ο Δαλάι Λάμα του Θιβέτ, ο Μουγκούμ του Μπβάνγκο, ο ναός των Πιθήκων της Κεϋλάνης, η Γελάδα των Ινδών, ο Κροκόδειλος, η Γάτα και το Κρεμμύδι των αρχαίων Αιγυπτίων, ο Μουφτής των Μωαμεθανών, το τρίχωμα του σκύλου που δάγκωσε τον Νώε κλπ.

Ουασινγκτόνος[56] *ουσ.* Μέλος μιας φυλής του Ποτομάκ που αντάλλαξε το προνόμιο να κυβερνά ο ίδιος τον εαυτό του με το πλεονέκτημα να τον κυβερνά μια καλή κυβέρνηση. Για να είμαστε δίκαιοι μαζί του, θα πρέπει να πούμε πως δεν το ήθελε.

Ουρά *ουσ.* Το τμήμα της σπονδυλικής στήλης ενός ζώου, το οποίο ξεπέρασε τα φυσικά του όρια, για να δημιουργήσει μιαν ανεξάρτητη ύπαρξη σ' έναν δικό του κόσμο.

Οφείλω *ρ.* Έχω (και παρακρατώ) χρέος. Παλιότερα η λέξη δεν αναφερόταν σε κάποιο χρέος, αλλά σε κάποιο περιουσιακό στοιχείο· σήμαινε «ωφελούμαι», και οι οφειλέτες συνεχίζουν να μπερδεύουν ακόμη και σήμερα το όμικρον με το ωμέγα.

Όχλος *ουσ.* Έτσι ονομάζεται στη δημοκρατία το σύνολο αυτών που διατηρούν μιαν υπέρτατη εξουσία, η οποία όμως περιορίζεται από την απάτη των εκλογών. Ο όχλος είναι σαν το ιερό Σιμούργκ[57] του αραβικού μύθου: παντοδύναμος, υπό την προϋπόθεση πως δεν κάνει τίποτε.

Παγανιστής *ουσ.* Το αστοιχείωτο πλάσμα που έχει την απρονοησία να πιστεύει σε κάτι που δεν μπορεί να δει και να αισθανθεί.

Πάθος *ουσ* Το προπαρασκευαστικό στάδιο της προσγείωσης στην πραγματικότητα.

Παιδική Ηλικία *ουσ.* Η περίοδος της ανθρώπινης ζωής που βρίσκεται ανάμεσα στην ηλιθιότητα της βρεφικότητας και την ανοησία της νεότητας, σε απόσταση δύο εξελικτικών βαθμίδων από την αμαρτία της ωριμότητας και τριών από τη μεταμέλεια των γερατειών.

Παίρνω *ρ. μτβ.* Αποκτώ, συνήθως βίαια, αλλά κατά προτίμηση κρυφά.

Παλιάνθρωπος *ουσ.* Αυτός που από παλιά αποτελεί τον κύριο παράγοντα της ιστορίας του ανθρώπου.

Παλικαριά *ουσ.* Μια στρατιωτικού χαρακτήρα σύνθεση ματαιοδοξίας, καθήκοντος και ρέντας.

«*Γιατί σταματήσατε;*» βρυχήθηκε ο διοικητής μιας μεραρχίας, που μόλις είχε διατάξει προέλαση, στην Τσικαμάγκουα[58], «*Προχωρείστε αμέσως, Κύριε!*».

«*Στρατηγέ μου*» είπε διοικητής της ταξιαρχίας που πιάστηκε στα πράσα, «*είμαι απόλυτα πεπεισμένος πως αν δεν συγκρατήσω την παλικαριά των πολεμιστών μου, θα πέσουν κατευθείαν πάνω στον εχθρό και θα χάσω τον έλεγχό τους*».

Παλιοκατάσταση *ουσ.* Η αμοιβή της συνέπειας.

Παλιός *επίθ.* Αυτός του οποίου η χρησιμότητα δεν μπορούμε να πούμε πως έχει εκλείψει εντελώς. Ἑνας παλιός άνθρωπος, ένας γέρος λόγου χάρη. Αυτός που κατάντησε αναξιόπιστος κι ενοχλητικός για το κοινό γούστο, επειδή ο χρόνος έκανε το λάθος να περάσει. Ένα παλιό βιβλίο, για παράδειγμα.

Παλιοτόμαρο *ουσ.* Αυτός που τα προτερήματά του, συσκευασμένα σαν μούρα σε κουτάκι για πούλημα – τα καλά πάνω-πάνω – ανοίχτηκαν από την ανάποδη μεριά. Ένας αναποδογυρισμένος καθωσπρέπει κύριος.

Πανδαιμόνιο[59] *ουσ.* Κυριολεκτικά, σημαίνει: «Το μέρος που βρίσκονται όλοι οι δαίμονες». Οι περισσότεροι ξέφυγαν κι ασχολήθηκαν με την πολιτική και την οικονομία. Σήμερα, το μέρος χρησιμοποιείται σαν αίθουσα διαλέξεων από το Φωνακλά Επαναστάτη. Όταν το παρακάνει με τις φωνές του, οι αρχαίοι αντίλαλοι ανταποκρίνονται με ανάλογες κραυγές, που ικανοποιούν τη μανία του να ξεχωρίζει.

Πανθεϊσμός *ουσ.* Η θεωρία που ισχυρίζεται πως τα πάντα είναι Θεός, σε αντίθεση με τη θεωρία που επιμένει πως ο Θεός είναι τα πάντα.

Πανοπλία *ουσ.* Τα ρούχα εκείνου που έχει ράφτη σιδερά.

Πανουργία *ουσ.* Η φυσική ικανότητα που ξεχωρίζει ένα αδύναμο ζώο ή άνθρωπο από ένα δυνατό. Εξασφαλίζει στον κάτοχό της μεγάλη ψυχική ικανοποίηση και πολλά πρακτικά προβλήματα. Μια ιταλική παροιμία λέει: «*Ο γουναράς πουλάει περισσότερες γούνες αλεπούς παρά γαϊδάρου*».

Παντελόνια *ουσ.* Περιβολή του κάτω μέρους του σώματος ενός αρσενικού πολιτισμένου ενήλικα.. Είναι σωληνοειδή, χωρίς ενώσεις στα σημεία των αρθρώσεων. Επικρατεί η άποψη πως τα επινόησε κάποιος χιουμορίστας. Οι μορφωμένοι τα λένε «περισκελίδες» και οι ευτελείς τύποι «βρακοζώνια».

Πανταχού Παρουσία *ουσ.* Το χάρισμα να βρίσκεσαι την

ίδια στιγμή παντού, αλλά όχι να βρίσκεσαι παντού κάθε στιγμή. Το δεύτερο λέγεται Πανταχού Παρουσία [omnipresence] και είναι ιδιότητα μόνο του Θεού και του Φωταγωγού Αιθέρα.[60] Αυτή η ενδιαφέρουσα διάκριση ανάμεσα στην Πανταχού Παρουσία και την Πανταχού Παρουσία, δεν ήταν σαφής στη μεσαιωνική Εκκλησία και προκάλεσε μεγάλη αιματοχυσία. Ορισμένοι Λουθηρανοί, που ισχυρίζονταν πως το σώμα του Χριστού ήταν πανταχού παρόν, ονομάστηκαν Πανταχουπαροντιστές. Για το σφάλμα τους αυτό, έμειναν καταραμένοι στους αιώνες. Το σώμα του Χριστού είναι παρόν μόνο στη θεία ευχαριστία, παρόλο που το μυστήριο μπορεί να τελείται σε διαφορετικά μέρη ταυτόχρονα. Σήμερα, η Πανταχού Παρουσία δεν γίνεται εύκολα κατανοητή, ούτε καν από τον Σερ Μπόιλ Ροσέ, ο οποίος πίστευε πως ένας άνθρωπος δεν μπορεί να βρίσκεται σε δυο μέρη ταυτόχρονα, εκτός αν είναι πουλί.

Παντομίμα *ουσ.* Θεατρικό έργο, στο οποίο η υπόθεση εξελίσσεται χωρίς να κακοποιεί τη γλώσσα. Στη δεύτερη περίπτωση έχουμε να κάνουμε με δράμα.

Παντρειά *ουσ.* Το καθεστώς ή η κατάσταση μιας κοινότητας, που αποτελείται από έναν αφέντη, μια αφέντρα και δύο δούλους. Σύνολο: άτομα δύο.

Παπατζής *επίθ.* Ο εθισμένος στη ρητορική.

Παραγάδι *ουσ.* Είδος διχτυού για την πρόκληση ακούσιων αλλαγών στο περιβάλλον. Το παραγάδι με το οποίο πιάνουμε ψάρια, είναι δυνατό και χοντροφτιαγμένο, αλλά το παραγάδι με το οποίο ψαρεύουμε γυναίκες είναι λεπτό, εξαιρετικά ραφινάτο στην πλέξη του κι εφοδιασμένο με βαρίδια από μικρούς καλοδουλεμένους πολύτιμους λίθους.

Παράδεισος *ουσ.* Το μέρος που οι κακοί σταματούν να σε ζαλίζουν συνέχεια με τις προσωπικές τους υποθέσεις και οι καλοί σε ακούνε με προσοχή να εκθέτεις τις δικές σου.

Παραδέχομαι *ρ. μτβ.* Ομολογώ. ΄Υψιστο καθήκον κάθε ανθρώπου που αγαπά την αλήθεια είναι να παραδέχεται τα λάθη των άλλων.

Παράδοση *ουσ.* Σοφία· ιδίως αυτή που δεν αποκτάται με επίσημες εκπαιδευτικές διαδικασίες, αλλά με την ανάγνωση απόκρυφων βιβλίων ή και της ίδιας της φύσης. Στην τελευταία περίπτωση, έχουμε να κάνουμε με αυτό που συνήθως χαρακτηρίζουμε λαϊκή παράδοση και περιλαμβάνει λαϊκούς μύθους και προλήψεις. Στο βιβλίο Σημαντικοί Μύθοι του Μεσαίωνα του Μπάρινγκ-Γκουλντ,[61] ο αναγνώστης θα μπορέσει να βρει διάφορους τέτοιους μύθους και παραδόσεις και θα τους δει να συγκλίνουν σε μια κοινή καταγωγή κάπου στη μακρινή αρχαιότητα, ακολουθώντας τα γενεαλογικά δέντρα πολύ διαφορετικών ανθρώπων. Ανάμεσα σε αυτούς είναι και οι μύθοι: «Αρκουδάκος ο Γίγαντας

Φονιάς»,[62] «Ο Κοιμώμενος Τζων Σαρπ Ουΐλιαμς»,[63] «Η Κοκκινοσκουφίτσα και το Τραστ της Ζάχαρης»,[64] «Η Ωραία και ο Μπρισμπέιν»,[65] «Η Έφεσος και οι Επτά Πρεσβύτεροι»,[66] «Ριπ Βαν Φέρμπανκς»[67] και άλλοι πολλοί. Ο μύθος που μας διηγήθηκε με τόσο πάθος ο Γκαίτε [J. W. von Goethe, 1749-1832] στο ποίημά του «Ο Βασιλιάς των Ερλ» ήταν γνωστός πριν από δυο χιλιάδες χρόνια στην Ελλάδα ως «Ο Δήμος και η Βιομηχανία Παιδιών».[68] Ένας από τους αρχαιότερους και πιο διαδεδομένους μύθους είναι η αραβική ιστορία του «Αλή Μπαμπά και των σαράντα Ροκφέλερ».

Παράθεση *ουσ.* Η λανθασμένη επανάληψη των λόγων κάποιου άλλου. Λανθασμένα λόγια κατ' επανάληψη.

Παραίτηση *ουσ.* Η πράξη με την οποία οι ανώτατοι άρχοντες δείχνουν πως έχουν απόλυτη αίσθηση της θερμοκρασίας του θρόνου τους.

Παραιτούμαι *ρ. μτβ.* Αποποιούμαι μια δημόσια τιμή για χάρη ενός δημόσιου προνομίου. Αποποιούμαι ένα δημόσιο προνόμιο για χάρη ενός μεγαλυτέρου δημοσίου προνομίου.

Παραλογισμός *ουσ.* Δήλωση ή έκφραση πεποίθησης, που έρχεται σε κατάφορη αντίθεση με την ίδια την άποψη του δηλούντος.

Παρατεταγμένος *παθ. μτχ.* Τοποθετημένος στη σωστή

θέση του, όπως κρέμεται ο ταραχοποιός από το φανοστάτη, στη μέση του δρόμου.

Παρατρώω *ρ.* Δειπνώ.

Παραφορά *ουσ.* Νεανική δυσπλασία, που θεραπεύεται με μικρές δόσεις μεταμέλειας και εξωτερικά επιθέματα εμπειρίας.

Παρελθόν *ουσ.* Το τμήμα της Αιωνιότητας, με του οποίου ένα πολύ μικρό μέρος διατηρούμε κάποια ασήμαντη, εντελώς μηδαμινή σχέση. Μια κινητή γραμμή που ονομάζεται Παρελθόν χωρίζει την αιωνιότητα από μια φανταστική περίοδο γνωστή ως Μέλλον. Αυτές οι δύο μεγάλες υποδιαιρέσεις της Αιωνιότητας, που αλληλοεξοντώνονται συνεχώς, είναι τελείως διαφορετικές. Η μια είναι σκοτεινή, γεμάτη θλίψη και απογοήτευση και η άλλη φωτεινή, γεμάτη προσδοκία και χαρά. Το Παρελθόν είναι η χώρα των λυγμών, το Μέλλον είναι η επικράτεια των τραγουδιών. Στην πρώτη, κάθεται κατάχαμα η Μνήμη, ντυμένη μ' ένα θλιβερό κουρέλι, σκεπασμένη με στάχτες, κι όλο μουρμουρίζει προσευχές, κι όλο ζητάει συχώρεση. Κάτω απ' τον ολόλαμπρο ήλιο της δεύτερης πετάει ελεύθερη η Ελπίδα, κι όλο κελαηδά στους ναούς της επιτυχίας, κι όλο τιτιβίζει γλυκά στους κήπους της απόλαυσης. Κι όμως, το Παρελθόν είναι το Μέλλον του χθες και το Μέλλον είναι το Παρελθόν του αύριο. Το ίδιο πράγμα: γνώση και όνειρο.

Παρηγοριά *ουσ.* Η γνώση του γεγονότος πως ένας καλύτερος άνθρωπος είναι πιο άτυχος από σένα.

Παρθένα *ουσ.* Νεαρό άτομο του αθέμιτου φύλου, με επίμονα αηδέστατη συμπεριφορά και απόψεις που μπορούν να οδηγήσουν σε φόνο. Το είδος γνωρίζει μεγάλη γεωγραφική εξάπλωση. Μπορείς να το βρεις όπου και να κοιτάξεις και να το περιφρονήσεις όπου και να το βρεις. Η παρθένα δεν είναι εντελώς αποτρόπαια στη θέα, ούτε [αν εξαιρέσεις το πιάνο και τις απόψεις της] αφόρητη στο άκουσμα, μολονότι από την άποψη της ομορφιάς είναι σαφώς υποδεέστερη του ουρανίου τόξου και σε ό,τι αφορά στη φωνή της – αν κι εφόσον ακουστεί – είναι παρασάγγας κατώτερη από του αηδονιού, το οποίο επίσης μετακινείται ευκολότερα.

Παροιμία *ουσ.* Κοινότοπη (αλληγορική ή κυριολεκτική) λαϊκή ρήση ή γνωμικό. Λέγεται έτσι[69] επειδή περνάει από ξύλινα μυαλά. Ακολουθούν παραδείγματα παροιμιών εφοδιασμένων με καινούργια «δόντια»:

Μια δεκάρα κερδισμένη, μια δεκάρα σκορπισμένη.

Δείξε μου το φίλο σου να σου πω ποιον έχει φίλο.

Ο κακός ο μάστορας τσακώνεται μόνο με κείνον που τον λέει κακό.

Ένα πουλί στο χέρι σου, αξίζει ό,τι σου φέρνει.

Κάλλιο αργά παρά νωρίς να σε φωνάξουν.

Το παράδειγμα είναι πολύ καλύτερο όταν δεν το ακολουθείς.

Μισό καρβέλι είναι καλύτερο από ολόκληρο, όταν υπάρχουν κι άλλα φαγώσιμα.

Σκέψου δυο φορές πριν μιλήσεις στο φίλο σου για δανεικά.

Μην αναβάλεις γι' αύριο αυτό που μπορεί να κάνει σήμερα άλλος.

Όσα λιγότερα λες, τόσο ευκολότερα γλιτώνεις.

Γελάει καλύτερα όποιος γελάει λιγότερο.

Στου κουφού την πόρτα περίμενε να γίνει κάνα θαύμα.

Απ' τα δυο κακά προτίμα το μικρότερο να κάνεις.

Ν' απεργείς όταν ο εργοδότης σου υπογράφει κάνα καλό συμβόλαιο

Όπου ακούς πολλά «θα», έρχονται και τα «δεν θα».

Παρόν *ουσ.* Το τμήμα της αιωνιότητας που χωρίζει την περιοχή της απογοήτευσης από το βασίλειο της ελπίδας.

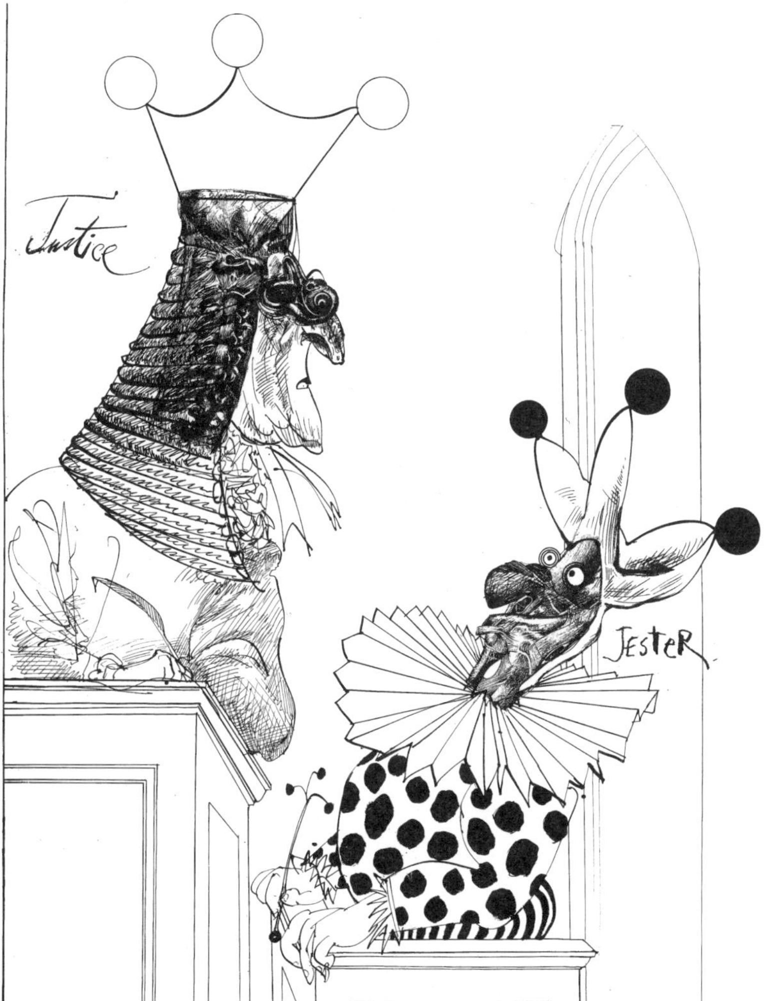

Γελωτοποιός: *Διασκεδάζει με αστεία καμώματα και λόγια.*
Δικαιοσύνη: *Νοθευμένο προϊόν το οποίο το Κράτος πουλάει στους πολίτες.*

Παρών *επίθ.* Ο φρικιαστικά ντυμένος με τον τρόπο του χρόνου και του τόπου.

Πατριώτης *ουσ.* Αυτός, για τον οποίο το συμφέρον ορισμένων είναι σημαντικότερο από το συμφέρον όλων. Το κορόιδο των κυβερνήσεων και το εργαλείο των κατακτητών.

Πατριωτισμός *ουσ.* Εύφλεκτα σκουπίδια, τα οποία διαβάζει στο φως ενός δαυλού κάποιος φιλόδοξος, που αποσκοπεί στην φωταγώγηση του ονόματός του.

Στο διάσημο λεξικό του Δρος Τζόνσον, ο πατριωτισμός ορίζεται ως "το τελευταίο καταφύγιο κάθε παλιοτόμαρου". Με όλο τον οφειλόμενο σεβασμό σ' έναν φωτισμένο αλλ' οπωσδήποτε ελάσσονα λεξικογράφο, τολμώ να ισχυριστώ: και το πρώτο.

Πεδίο Δράσης *ουσ.* Η ακτίνα δράσης του ανθρώπινου χεριού. Η περιοχή εντός της οποίας μπορούμε (και πρέπει) να ικανοποιήσουμε άμεσα την τάση μας για ανεφοδιασμό.

Πείρα *ουσ.* Η σοφία που μας επιτρέπει να θεωρούμε σαν ανεπιθύμητη παλιά γνωριμία τη βλακεία που μόλις πριν λίγο αγκαλιάζαμε.

Πειρατεία *ουσ.* Το εμπόριο χωρίς εκείνες τις βλακώδεις φασκιές· γυμνό όπως το έπλασε ο Θεός.

Πειρατής *ουσ.* Ο πολιτικός των θαλασσών.

Πεισματάρης *επίθ.* Ο απρόσιτος για την αλήθεια, όπως αποδεικνύουν οι μεγαλειώδεις και πανίσχυρες προσωπικές μας απόψεις.

Πένα *ουσ.* Όργανο βασανιστηρίων παρμένο από χήνα, που συνήθως το χειρίζεται γάιδαρος. Αυτή η λειτουργία της πένας έχει εκλείψει πια, αλλά η σύγχρονη αντίστοιχή της μεταλλική πένα, βρήκε τον ιδανικό χειριστή της στην ίδια αιώνια Μορφή.

Πεπρωμένο *ουσ.* Η αιτιολογία των εγκλημάτων του τυράννου και η δικαιολογία της αποτυχίας του ηλιθίου.

Περιέργεια *ουσ.* Απαράδεκτο χαρακτηριστικό του θηλυκού μυαλού. Η επιθυμία να γνωρίζει αν και κατά πόσο μια γυναίκα έχει την κατάρα της περιέργειας είναι από τα ζωηρότερα και μονίμως ανικανοποίητα πάθη της ανδρικής ψυχής.

Περιουσία *ουσ.* Κάθε υλικό αντικείμενο χωρίς ιδιαίτερη αξία, που μπορεί να κατέχει ο Α σε πείσμα της πλεονεξίας του Β. Οτιδήποτε ικανοποιεί το πάθος κάποιου για ιδιοκτησία και απογοητεύει όλους τους άλλους. Το αντικείμενο της ακαριαίας αρπακτικότητας και της παρατεταμένης αδιαφορίας του ανθρώπου.

Περιπατητικός *επίθ.* Αυτός που περπατάει. Ο σχετικός με τη φιλοσοφία του Αριστοτέλη, που ενώ την ανέπτυσσε, πήγαινε από μέρος σε μέρος, για ν' αποφύγει τις ενστάσεις των μαθητών του, παρόλο που δεν είχε κανένα νόημα να παίρνει οποιοδήποτε μέτρο προφύλαξης, αφού γνώριζε πολύ περισσότερα από αυτούς.

Περισσότερο *επίθ.* Ο συγκριτικός βαθμός του «πάρα πολύ».

Περιστασιακός *επίθ.* Αυτός που μας ταλαιπωρεί με μεγαλύτερη ή μικρότερη συχνότητα. Οπωσδήποτε, όταν λέμε «περιστασιακοί στίχοι» δεν χρησιμοποιούμε τη λέξη με το παραπάνω νόημα. Περιστασιακοί είναι οι στίχοι που γράφονται για μια «περίσταση», μιαν επέτειο, έναν εορτασμό ή οποιοδήποτε άλλο σπουδαίο γεγονός. Η αλήθεια είναι πως μας ταλαιπωρούν λίγο λιγότερο από άλλα είδη στίχων, αλλά πάντως το όνομά τους δεν έχει σχέση με την ακανόνιστη επανάληψη.

Περιφρόνηση *ουσ.* Το συναίσθημα που νιώθει κάθε συνετός άνθρωπος, όταν του είναι τρομερά εύκολο να τσακίσει τον εχθρό του.

Πεφωτισμένοι[70] *ουσ.* Κάστα Ισπανών αιρετικών του τέλους του 16ου αιώνα. Τους έλεγαν έτσι επειδή ήταν τόσο ήσυχοι και ασήμαντοι που για να τους πάρεις είδηση έπρεπε να έχει πολύ φως: Cunctationes Illuminati [Παθητικοί Πεφωτισμένοι].[71]

Πέψη *ουσ.* Η μετατροπή των τροφίμων σε αξίες.

Πηλίκον *ουσ.* Ο αριθμός που δείχνει πόσες φορές χωράει το άθροισμα των χρημάτων κάποιου στην τσέπη κάποιου άλλου. Συνήθως, όσες φορές τα τσέπωσε ο άλλος.

Πιάνο *ουσ.* Συσκευή σαλονιού για την καθυπόταξη των επίμονων επισκεπτών. Για να λειτουργήσει, πρέπει να πιέζεις τα πλήκτρα της και τα νεύρα των ακροατών.

Πιρούνι *ουσ.* Εργαλείο με το οποίο συνήθως τοποθετούμε νεκρά ζώα στο στόμα μας.

Πίστη *ουσ.* Άνευ στοιχείων αποδοχή όσων ισχυρίζεται κάποιος που μιλά, χωρίς να γνωρίζει, για πράγματα που κανένας δεν γνωρίζει.

Πιστωτής *ουσ.* Αυτός που ανήκει σε μια φυλή αγρίων που κατοικούν πίσω από τις Οικονομικές Δυσχέρειες και σπέρνουν τον τρόμο με τις επιδρομές τους, αφήνοντας μόνο ερείπια στο πέρασμά τους.

Πλάτη *ουσ.* Το μέρος του φίλου σου που μπορείς να παρατηρείς με την άνεσή σου, όταν έχεις προβλήματα.

Πλατωνικός *επίθ.* Ο σχετικός με τη φιλοσοφία του Σωκράτη [469-399 π.Χ.]. Πλατωνικό Έρωτα ονομάζουν οι βλάκες τη στοργή που αναπτύσσεται ανάμεσα σε μια ανικανότητα και μια παγωνιά.

Πλεονασμός *ουσ.* Στρατός λέξεων που ακολουθεί το λοχία της σκέψης.

Πληβείος *ουσ.* Ένας αρχαίος Ρωμαίος που δεν βούτηξε παρά μόνο τα χέρια του στο αίμα της χώρας του. Διακρίνεται σαφώς από τον Πατρίκιο, ο οποίος μούλιασε ολόκληρος.

Πλημμέλημα *ουσ.* Παράβαση του νόμου λιγότερο μεγαλοπρεπής από ένα κακούργημα, η οποία δεν εγείρει αξιώσεις εισόδου στην υψηλή κοινωνία των εγκληματιών.

Πληρεξούσιος *επίθ.* Αυτός που έχει πλήρη ισχύ. Ο Πληρεξούσιος Υπουργός είναι ένας διπλωμάτης που διαθέτει απόλυτη εξουσία, υπό την προϋπόθεση πως δεν την χρησιμοποιεί.

Πλιατσικολόγος *ουσ.* Ο μεγάλος κατακτητής των μικροϋποθέσεων. Απλώς, τα τρόπαιά του δεν διαθέτουν το ιερό προσόν του μεγέθους.

Πλούσιος *επίθ.* Ο φύλακας και διαχειριστής της περιουσίας του τεμπέλη, του ανίκανου, του σπάταλου, του ζηλιάρη και του άτυχου. Αυτή η άποψη επικρατεί στον υπόκοσμο, όπου η Αδελφοσύνη μεταξύ Ανδρών παίρνει τη λογικότερη και γνησιότερη μορφή της. Για τους κατοίκους του μεσοαστικού κόσμου, η λέξη σημαίνει καλός και σοφός.

Πνεύμα *ουσ.* Το αλάτι με το οποίο ο Αμερικανός ευθυμογράφος καταστρέφει τη μαγειρική του· επειδή ξεχνάει να βάλει.

Ποδάγρα *ουσ.* Έτσι ονομάζει ο γιατρός τους ρευματισμούς, όταν ο ασθενής είναι πλούσιος.

Ποίηση *ουσ.* Μορφή έκφρασης που χρησιμοποιούν στη Χώρα που εκτείνεται πέρα από τα Περιοδικά.

Πόκερ *ουσ.* Παιχνίδι που – για κάποιο λόγο εντελώς άγνωστο στο λεξικογράφο – όλοι λένε πως παίζεται με τράπουλα.

Πόλεμος *ουσ.* Υποπροϊόν των ειρηνικών τεχνών. Η πιο ανησυχητική πολιτική κατάσταση θα ήταν μια περίοδος παγκόσμιας φιλίας. Ο φοιτητής της ιστορίας που δεν διδάχθηκε να περιμένει το απρόσμενο, μπορεί δίκαια να κομπάζει πως η αλήθεια είναι κάτι σκοτεινό. Η φράση «Τον καιρό της ειρήνης να προετοιμάζεσαι για πόλεμο»[72] έχει πολύ βαθύτερο νόημα από αυτό που συνήθως της δίνουμε. Δεν σημαίνει απλά πως όλα τα πράγματα σ' αυτό τον κόσμο έχουν ένα τέλος και πως η αλλαγή είναι μόνος σταθερός κι αιώνιος νόμος, αλλά πως οι σπόροι του πολέμου στο χωράφι της ειρήνης σπέρνονται, το χώμα της ειρήνης τους ζεσταίνει, εκεί βλαστίζουν κι ανθίζουν και καρπίζουν. Όταν ο Κουμπλάι Χαν [Kublai Khan,1215-1294] πρόσταξε να του χτίσουν «παλάτι αρχοντικό και του έρωτα φωλιές», είναι φανερό πως επικρατούσε ειρήνη και τα φαγοπότια έδιναν κι έπαιρναν στο Ξαναδού. Εκείνος όμως

άκουγε μακρινές
προγονικές και πολεμόχαρες φωνές![73]

Ο Κόουλριτζ [T.S. Coleridge, 1772-1834], ο μεγάλος ποιητής, υπήρξε ένας από τους πιο σοφούς ανθρώπους κι έχει πολύ μεγάλη σημασία το γεγονός πως διάλεξε αυτή την ιστορία για να την κάνει ποίημα. Χρειαζόμαστε λίγο λιγότερα «απλωμένα χέρια φιλίας» και λίγο περισσότερη στοιχειώδη καχυποψία, που σε τελευταία ανάλυση είναι η ασφάλεια των εθνών. Ο Πόλεμος έρχεται μες στη νύχτα σαν τον κλέφτη. Οι προπαγανδιστές της αιώνιας συναδέλφωσης, τρέφουν τη νύχτα.

Πολιτική *ουσ.* Αλληλοσπαραγμός συμφερόντων, μασκαρεμένος σε αντιπαράθεση αρχών. Η διαχείριση των δημοσίων υποθέσεων με προσωπικό όφελος.

Πολιτικός *ουσ.* Ένα χέλι χωμένο στον πρωτογενή βούρκο, πάνω στον οποίο υψώθηκε το οικοδόμημα της οργανωμένης κοινωνίας. Όταν κολυμπάει, βλέπει την ουρά του να κουνιέται και νομίζει πως τρέμει το κτήριο. Απέναντι στον κυβερνητικό αξιωματούχο, έχει ένα ανυπόφορο μειονέκτημα: είναι ζωντανός.

Πολυγαμία *ουσ.* Οίκος μετανοίας, παρεκκλήσιο στο οποίο προσεύχονται οι μετανοούντες, εφοδιασμένο με αρκετά σταsίδια, σε αντίθεση με τη μονογαμία που έχει μόνο ένα.

Πολυλογία *ουσ.* Διαταραχή που καθιστά τον ασθενή ανίκανο να ελέγξει τη γλώσσα του, για να μιλήσεις.

Πολυμάθεια *ουσ.* Σκόνη τιναγμένη από ένα βιβλίο σ' ένα άδειο κρανίο.

Πόνος *ουσ.* Δυσάρεστη ψυχική κατάσταση, η οποία προέρχεται είτε από κάτι που συμβαίνει στο σώμα, είτε από καθαρά πνευματικούς παράγοντες, όπως η ευτυχία του άλλου.

Ποντίκι *ουσ.* Ζώο που σπέρνει στο πέρασμά του λιπόθυμες γυναίκες. Όπως στη Ρώμη έριχναν τους Χριστιανούς στα λιοντάρια, έτσι αιώνες πριν στην Οτουμβή, την αρχαιότερη και διασημότερη πόλη του κόσμου, έριχναν τις γυναίκες αιρετικούς στα ποντίκια.

Πόσιμος *επίθ.* Ο κατάλληλος για πόση. Λένε πως το νερό είναι πόσιμο. Ορισμένοι μάλιστα δηλώνουν πως είναι το φυσικό ποτό μας, αν και το βρίσκουν γευστικό μόνον όταν υποφέρουν από εκείνη τη χρόνια πάθηση, που γνωρίζουμε με το όνομα «δίψα», και της οποίας είναι φάρμακο. Σε καμιά προσπάθεια, ποτέ και σε κανέναν τόπο – εξαιρουμένων των πλέον πολιτισμένων – δεν δαπανήθηκε τόσος ευφυής μόχθος, όσος στην επινόηση υποκατάστατων του νερού. Ο ισχυρισμός πως αυτή η γενικευμένη απέχθεια προς το εν λόγω υγρό δεν έχει τη βάση της στο ένστικτο αυτοσυντήρησης του είδους, είναι αντιεπιστημονικός. Και χωρίς επιστήμη δεν διαφέρουμε από τα φίδια και τους βατράχους.

Ποσό Επικήρυξης *ουσ.* Κεφαλικός φόρος, χαράτσι.

Πραγματικά *επίρρ.* Προφανώς.

Πραγματικότητα *ουσ.* Το όνειρο ενός τρελού φιλοσόφου. Ό,τι μένει στο καζάνι, μετά την απόσταξη ενός φαντάσματος. Ο πυρήνας του απόλυτου κενού

Πρεσβευτής *ουσ.* Στην αμερικανική πολιτική, Πρόξενος ονομάζεται αυτός που, επειδή ο λαός δεν τον εμπιστεύτηκε ώστε να του αναθέσει κάποιο αξίωμα, του αναθέτει η ίδια η κυβέρνηση, υπό την προϋπόθεση να εγκαταλείψει τη χώρα.

Πρεσβυτεριανός[74] *ουσ.* Αυτός που διατηρεί την εδραία πεποίθηση πως οι αυθεντίες που κυβερνούν την Εκκλησία πρέπει να ονομάζονται πρεσβύτεροι.

Προαγωγή *ουσ.* Άνοδος του δείκτη διακύμανσης της ανθρώπινης αξίας.

Προβοσκίδα *ουσ.* Στοιχειώδες όργανο του ελέφαντα, που εκτελεί χρέη μαχαιροπίρουνου, το οποίο μέχρι στιγμής του αρνείται η φυσική εξέλιξη. Χάρην αστεϊσμού, ο λαός την ονομάζει «μαρτζαφλάρι».

Προεδρεύω *ρ.* Οδηγώ τις δραστηριότητες ενός κοινοβουλευτικού σώματος στο επιθυμητό μου αποτέλεσμα.

Προεδρία *ουσ.* Γουρούνι ωραίο και παχύ· παίζει στα καταπράσινα λιβάδια της αμερικανικής πολιτικής.

Πρόεδρος *ουσ.* Η ηγετική μορφή μιας μικρής ομάδας ανδρών από τους οποίους – και μόνο από τους οποίους – είναι απόλυτα βέβαιο πως η συντριπτική πλειοψηφία των συμπατριωτών μας δεν θέλει κανέναν για Πρόεδρο.

Προηγούμενο *ουσ.* Στη νομική, έτσι ονομάζεται μια προηγούμενη δικαστική απόφαση, γεγονός ή πράξη, η οποία, απουσία καθορισμένου νόμου, αποκτά τη δύναμη και την εξουσία που θέλει της δώσει ο ίδιος ο Δικαστής, ο οποίος μ' αυτό τον τρόπο διευκολύνει σημαντικά το έργο του, που τον υποχρεώνει ν' αποφασίσει ό,τι γουστάρει. Καθώς υπάρχουν προηγούμενα για τα πάντα, δεν έχει παρά να αγνοήσει εκείνα που αντιβαίνουν στο συμφέρον του, και να τονίσει ιδιαιτέρως εκείνα που συνάδουν με την επιθυμία του. Η επινόηση προηγουμένων αναβιβάζει τη διεξαγωγή της δίκης, από το ευτελές επίπεδο της τυχαίας δοκιμασίας, στην ευγενή πόζα της πηδαλιουχούμενης διαιτησίας.

Πρόθεση *ουσ.* Η συνείδηση της επικράτησης ενός συνόλου επιδράσεων πάνω σε κάποιον άλλο. ΄Ενα αποτέλεσμα, του οποίου αιτία είναι το επικρεμάμενο φάσμα – άμεσο ή έμμεσο – της μεθοδικής εκτέλεσης μιας εντελώς αθέλητης πράξης.

Προϊστορικός *επίθ.* Αυτός που ανήκει σε κάποια πολύ πρώιμη εποχή και σ' ένα μουσείο. Ο πολύ παλιότερος από την τέχνη και την πρακτική της διαιώνισης του ψεύδους.

Προκατάληψη *ουσ.* Περιπλανώμενη άποψη, χωρίς εμφανή μέσα επιβίωσης.

Προνόμιο *ουσ.* Το δικαίωμα του ηγεμόνα να κάνει λάθος.

Πρόξενος *ουσ.* Παράγων που διαθέτει μεγάλη δύναμη μικρής δικαιοδοσίας. Στη διπλωματία, έτσι λέγεται ο υπάλληλος που τοποθετείται σε μια ξένη χώρα σαν απτή ενσάρκωση της εχθρότητας του ηγεμόνα του. Το κύριο προσόν του είναι πως λέει αληθοφανή ψέματα με μεγάλη ευκολία. Μόνον ένας πρέσβης μπορεί να τον ξεπεράσει.

Προοπτική *ουσ.* Μια ματιά συνήθως βλοσυρή. Μια προσδοκία, συνήθως απαγορευμένη.

Προορισμός *(Θεωρία του -) ουσ.* Η θεωρία πως όλα συμβαίνουν σύμφωνα με το πρόγραμμα. Δεν πρέπει να συγχέεται με τη θεωρία του προκαθορισμού, που ισχυρίζεται πως ό,τι συμβαίνει είναι από πριν καθορισμένο, αλλά δεν μας επιβεβαιώνει πως συνέβη, παρά μόνο στο βαθμό που σχετίζεται με άλλες θεωρίες, από τις οποίες προκαθορίστηκε η ίδια. Η διαφορά είναι τόσο σημαντική ώστε αρκεί για να πνίξει τη Χριστιανοσύνη στο μελάνι – για να μη συνυπολογίσουμε και το αίμα - χωρίς να έχει ειπωθεί τίποτε ουσιαστικό. Με τη διαφορά αυτών των θεωριών καλά εντυπωμένη στο νου του και μπόλικο σεβασμό και για τις δυο, μπορεί ο πάσα ένας να ελπίζει πως θα ξεφύγει την αιώνια απώλεια· εκτός αν συμβεί το αντίθετο.

Προσεύχομαι *ρ.* Ζητώ να καταργηθούν οι νόμοι του σύμπαντος για χάρη ενός μόνο αιτούντος που, συν τοις άλλοις, είναι ομολογουμένως ανάξιος.

Προσήλωση *ουσ.* Αρετή χαρακτηριστική εκείνου που απ' ώρα σ' ώρα θα τον προδώσουν.

Προτίμηση *ουσ.* Συναίσθημα ή ψυχική διάθεση. Αποτελεί συνέπεια της εντελώς εσφαλμένης πίστης πως κάποιο πράγμα είναι καλύτερο από κάποιο άλλο.

Ένας αρχαίος φιλόσοφος εξέθετε κάποτε την πεποίθησή του πως η ζωή δεν είναι καλύτερη από το θάνατο. Τον ρώτησαν λοιπόν: «Αφού έτσι έχει το πράγμα, γιατί δεν πεθαίνεις;» «Γιατί ο θάνατος δεν είναι καλύτερος από τη ζωή» απάντησε εκείνος.

Κρατάει περισσότερο!

Προτίμηση *ουσ.* Μια ορισμένη αξία συν ένα λογικό ποσό για τη φθορά και την οδύνη που υπέστη η συνείδηση απαιτώντας την.

Πόλεμος: *Υποπροϊόν των ειρηνικών τεχνών.*

Προφητεία *ουσ.* Ένα σημάδι πως όταν δεν συμβαίνει τίποτε, κάτι θα συμβεί οπωσδήποτε.

Προφητική ικανότητα *ουσ.* Η τέχνη να πουλάς αξιοπιστία, έχοντας αναθέσει τη διανομή στο μέλλον.

Προσκυνητής *ουσ.* Ταξιδιώτης που τον παίρνουν στα σοβαρά. Προσκυνητής Πατέρας[75] είναι κάποιος που, αφήνει την Ευρώπη, στα 1620, επειδή απαγορεύεται να ψέλνει με τη μύτη, και την ακολουθεί στη Μασαχουσέτη, όπου μπορεί να δώσει στο Θεό τη μορφή που του υπαγορεύει η ίδια η συνείδησή του.

Πρωταπριλιάτικο Ψέμα *ουσ.* Το ψέμα του Μάρτη διευρυμένο κατά έναν ακόμη μήνα.

Πρωτεύουσα *ουσ.* Η έδρα της κακοδιοίκησης.

Πυρίτιδα *ουσ.* Μέσο χρησιμοποιούμενο από τα πολιτισμένα έθνη για τη διευθέτηση των διαφορών που θα μπορούσαν να δημιουργήσουν προβλήματα αν παρέμεναν άλυτες. Οι περισσότεροι συγγραφείς αποδίδουν την εφεύρεση της πυρίτιδας στους Κινέζους, αλλά χωρίς σοβαρές αποδείξεις. Ο Μίλτον[76] λέει πως την εφηύρε ο διάβολος για να διαλύσει τους αγγέλους και η άποψη αυτή φαίνεται να βρίσκει ένα κάποιο στήριγμα στο γεγονός πως οι άγγελοι σπανίζουν.

Ρεαλισμός *ουσ.* Η τέχνη να αναπαριστάς τη φύση, όπως την βλέπουν οι βάτραχοι. Η ομορφιά ενός τοπίου ζωγραφισμένη από τυφλοπόντικα ή ένα διήγημα γραμμένο από κάμπια.

Ρέκβιεμ[77] *[<λατιν. requiem]. ουσ.* Τελετή προς τιμήν των νεκρών, στη διάρκεια της οποίας – όπως μας διαβεβαιώνουν οι ελάσσονες ποιητές – οι άνεμοι θρηνούν πάνω απ' τους τάφους των αγαπημένων τους. Μερικές φορές, για να έχει ποικιλία το θέαμα, τραγουδούν και κανένα ελεγείο.

Ρετσινιά *ουσ.* Η φήμη του αντιπάλου κάποιου που διεκδικεί δημόσιο αξίωμα. Το ευκολότερο είδος φήμης που

Δονκιχωτικός: *Παράλογα ιπποτικός, όπως ο Δον Κιχώτης.*

μπορεί να πετύχει η μετριότητα.

Ρητό *ουσ.* Μια σοφία όλο κόκαλα, σ' ένα στόμα γεμάτο σάπια δόντια.

Ριζοσπαστισμός *ουσ.* Ο συντηρητισμός του αύριο εφαρμοσμένος στις υποθέσεις του σήμερα.

Ρολόι *ουσ.* Μηχάνημα με τεράστια ηθική σημασία για τους ανθρώπους. Κατευνάζει την αγωνία τους για το μέλλον, δείχνοντας τους πως έχουν ακόμη να ζήσουν ατέλειωτες ώρες.

Ρούμι *ουσ.* Έτσι ονομάζονται γενικά τα πυρώδη οινοπνευματώδη, που παράγουν τρέλα στην επαφή τους με τους απόλυτα εγκρατείς.

Ρώσος *ουσ.* Άνθρωπος με σώμα Καυκάσιου και ψυχή Μογγόλου. Εμετός Ταρτάρου.

Σάββατο *ουσ.* Εβδομαδιαία γιορτή, που έλκει την καταγωγή της από το γεγονός πως ο Θεός έφτιαξε τον κόσμο σε έξι μέρες και την έβδομη τον σταμάτησαν. Στους Ιουδαίους η τήρηση του Σαββάτου επιβάλλεται από μιαν εντολή, της οποίας η Χριστιανική εκδοχή είναι «Θυμήσου πως την έβδομη μέρα πρέπει να την σέβονται όλοι οι γείτονές σου». Ο Δημιουργούς υπήρξε σαφής και κατηγορηματικός επί του θέματος του Σαββάτου: πρόκειται για την τελευταία μέρα της εβδομάδας. Οι πρώτοι Πατέρες της Εκκλησίας, όμως, είχαν διάφορες άλλες απόψεις.

Σαλαμάνδρα[78] *ουσ.* Αρχικά, μια σαύρα που ζούσε στη φωτιά. Έπειτα, ένα αθάνατο ανθρωποειδές, που όμως διατηρούσε την πυροφιλία του. Σήμερα, πιστεύεται πως οι Σαλαμάνδρες έχουν εκλείψει σαν είδος. Την τελευταία την είδε στην Καρκασόν ο Αβάς Μπέλοκ[79] και την εξόρκισε με μια γουλιά αγιασμό.

Σάλτσα *ουσ.* Το μόνο αλάνθαστο σημάδι πολιτισμού και καλλιέργειας. Ένας άνθρωπος χωρίς καμιά σάλτσα έχει χίλια ελαττώματα. Ένας άνθρωπος με μια σάλτσα έχει εννιακόσια ενενήντα εννέα ελαττώματα. Κάθε φορά που επινοείται και καθιερώνεται μια σάλτσα, αποκηρύσσεται και συγχωρείται ένα ελάττωμα.

Σάρκα *ουσ.* Το Δεύτερο Πρόσωπο της Αγίας Τριάδος.

Σαρκασμός *ουσ.* Μια αιχμηρή κι έξυπνη φράση, που μνημονεύεται συχνά, αλλά σπάνια της δίνουμε σημασία. Αυτό που ο Φιλισταίος [Βλέπε σχετικό λήμμα], αρέσκεται να λέει «ανέκδοτο».

Σαρκοβόρος *επίθ.* Ο εθισμένος στην άγρια κατασπάραξη των άτολμων φυτοφάγων, των απογόνων και των κληρονόμων τους.

Σατανάς *ουσ.* Ένα από τα πιο θλιβερά λάθη του Δημιουργού, που το μετάνιωσε με φωτιά και τσεκούρι. Στην αρχή, ο Σατανάς είχε βαθμό Αρχαγγέλου, αλλά ήταν απερίγραπτα θρασύς κι έτσι διώχτηκε από τον Παράδεισο. Καθώς κατέβαινε στη γη, στάθηκε για μια στιγμή, σκέφτηκε κάτι και ξαναγύρισε πίσω.

«Θέλω μια χάρη, αν γίνεται» είπε.

«Λέγε».

«Καταλαβαίνω πως είσαι έτοιμος να φτιάξεις τον άνθρωπο. Θα χρειαστεί νόμους».

«Τι είπες, κάθαρμα! Εσύ ο χειρότερος εχθρός του, που τάχθηκες από την αυγή της αιωνιότητας ν' αντιμάχεσαι την ψυχή του, εσύ ζητάς το δικαίωμα να του φτιάξεις νόμους;»

«Συγνώμη, δεν κατάλαβες! Η χάρη που θέλω είναι να τους φτιάξει μόνος του».

Ε, του την έκανε.

Σάτιρα *ουσ.* Ξεπερασμένο είδος λογοτεχνικής σύνθεσης, στο οποίο τα κουσούρια και οι ανοησίες των εχθρών του συγγραφέα περιγράφονταν με πλημμελή τρυφερότητα. Στη χώρα μας, η σάτιρα δεν υπήρξε ποτέ τίποτε περισσότερο από μια καχεκτική και διστακτική ύπαρξη, γιατί η ψυχή της είναι πνευματώδης, κι ως εκ τούτου εμείς θλιβερά ανεπαρκείς. Το χιούμορ που περνάμε για σάτιρα, είναι – όπως κάθε χιούμορ – γενναιόδωρο και συμπαθητικό. Επιπλέον, τα άφθονα ελαττώματα και οι σαχλαμάρες με τα οποία οι Αμερικανοί «προικίστηκαν από το Δημιουργό», δεν είναι ευρύτατα γνωστό πως αποτελούν αξιοκατάκριτα χαρακτηριστικά. Ως εκ τούτου, ο σατιρικός συγγραφέας θεωρείται ένα πνευματώδες κάθαρμα και οι εκκλήσεις των θυμάτων του για συνενόχους, βρίσκουν πανεθνική ανταπόκριση.

Σαχλαμάρες *ουσ. πληθ.* Οι αρνητικές κριτικές για το παρόν υπέροχο λεξικό.

Σειρά *ουσ.* Ένα λογοτέχνημα – κατά κανόνα μη πραγματική ιστορία - το οποίο σέρνεται από τεύχος σε τεύχος στις εφημερίδες και τα περιοδικά. Συχνά, συνοδεύεται από «περίληψη των προηγουμένων κεφαλαίων», για κείνους που δεν τα διάβασαν, αλλά θα ήταν πολύ χρησιμότερη μια περίληψη των επομένων κεφαλαίων, γι' αυτούς που δεν έχουν πρόθεση να τα διαβάσουν. Το ιδανικό θα ήταν μια περίληψη όλου του έργου.

Σειρήνα *ουσ.* Ένα από τα ιερά «τέρατα» της μουσικής, γνωστό για τη ματαιόδοξη προσπάθειά του να αποσπάσει τον Οδυσσέα από τη θάλασσα. Μεταφορικά, κάθε πολλά υποσχόμενη κυρία με κρυφές προθέσεις και απογοητευτικές επιδόσεις.

Σεληνίτης *ουσ.* Αυτός που κατοικεί στη σελήνη, σε αντιδιαστολή με τον Σεληνιασμένο που τον κατοικεί η σελήνη. Για τους Σεληνίτες μίλησαν[80] ο Λουκιανός [120-192 μ.Χ.], ο Λοκ και άλλοι ερευνητές, χωρίς όμως να συμφωνούν στις περιγραφές τους. Για παράδειγμα, ο Μπραγγέλος ισχυρίζεται πως από ανατομική άποψη είναι απόλυτα ίδιοι με τους ανθρώπους, όμως ο καθηγητής Νιούκομπ[81] λέει πως μοιάζουν με τους ιθαγενείς των λόφων του Βέρμοντ[82].

Σεμνότυφη *ουσ. θηλ.* Μια τσατσά κρυμμένη πίσω από

την πλάτη της συμπεριφοράς της.

Σερίφης *ουσ.* Στην Αμερική, έτσι ονομάζεται ο επαρχιακός εκπρόσωπος της εκτελεστικής εξουσίας, του οποίου τα χαρακτηριστικότερα καθήκοντα είναι η σύλληψη και το κρέμασμα των παλιόμουτρων.

Σημάδεμα *ουσ.* Μορφή μετάνοιας που χρησιμοποιούσαν οι πιστοί του Μεσαίωνα. Η τελετουργία, είτε γινόταν με μαχαίρι είτε με πυρωμένο σίδερο, είχε θεάρεστο αποτέλεσμα, μόνον όταν ο μετανοών δεν λυπόταν ούτε τους πόνους ούτε τις ελαφρές παραμορφώσεις, όπως αναφέρει ο Αρσένιος[83] ο Ασκητής [360-449 μ.Χ.]. Σήμερα, τόσο το σημάδεμα, όσο και οι άλλες πρωτόγονες μετάνοιες έχουν αντικατασταθεί από τις δωρεές. Η ίδρυση μιας βιβλιοθήκης ή η επιχορήγηση ενός πανεπιστημίου, φημολογείται πως δίνουν στο μετανοούντα οξύτερο και διαρκέστερο πόνο από το μαχαίρι ή το πυρωμένο σίδερο και του εξασφαλίζουν με περισσότερη σιγουριά τη θεία χάρη. Υπάρχουν βέβαια δυο πολύ σοβαρές ενστάσεις κατά της δωρεάς ως μεθόδου μετανοίας: το καλό που κάνει και η υπόνοια δικαιοσύνης την οποία φέρει.

Σημαία *ουσ.* Ένα χρωματιστό κομμάτι πανί που το κουβαλάνε οι στρατοί και κρέμεται στα οχυρά και τα καράβια. Μοιάζει να έχει την ίδια λειτουργία με τις πινακίδες που συναντά κανείς στ' άδεια οικόπεδα του Λονδίνου: «Πετάξτε τα σκουπίδια εδώ».

Σιδηρόδρομος *ουσ.* Η σημαντικότερη από τις πολλές μηχανικές κατασκευές που μας παρέχουν τη δυνατότητα να φύγουμε από εκεί που είμαστε και να πάμε εκεί που δεν θα είμαστε καλύτερα. Αυτός είναι και ο λόγος για τον οποίο τον συμπαθεί τόσο πολύ ο αισιόδοξος: του επιτρέπει να μετακομίζει με μεγάλη ταχύτητα.

Σιτάρι *ουσ.* Δημητριακό που μόλις και μετά βίας δίνει ένα ουίσκι κάπως καλό, αλλά μπορεί να φτιάξει και ψωμί. Λένε πως οι Γάλλοι καταναλώνουν τις μεγαλύτερες per capita [κατά κεφαλήν] ποσότητες ψωμιού από κάθε άλλο λαό. Είναι φυσικό, αφού μόνο αυτοί ξέρουν πώς να το κάνουν να τρώγεται.

Σκευωρία *ουσ.* Μέθοδος που χρησιμοποιούν οι αντίπαλοι κάποιου, προκειμένου να ματαιώσουν τις φανερές και έντιμες προσπάθειές του να κάνει το σωστό.

Σκήπτρο *ουσ.* Διακοσμητικό αντικείμενο στο γραφείο του βασιλιά, σημάδι, σύμβολο της εξουσίας του. Στην πρωτογενή μορφή του ήταν ρόπαλο με το οποίο νουθετούσε τους τζουτζέδες του και προέβαλε βέτο στις αποφάσεις των υπουργών του, σπάζοντας τα κόκαλα των υποστηρικτών τους.

Σκοτσέζικη Φούστα *ουσ.* Ενδυμασία την οποία μερικές φορές φορούν οι Σκοτσέζοι στην Αμερική και οι Αμερικανοί στη Σκοτία.

Σκοτώνω *ρ. μτβ.* Δημιουργώ μια κενή θέση εργασίας, χωρίς να ορίσω τον αντικαταστάτη.

Σοφιστεία *ουσ.* Η αμφιλεγόμενη τακτική του αντιπάλου μας, η οποία διακρίνεται από τη δική μας, λόγω της ανειλικρίνειας και της ανοησίας της.

Στρογγυλοκέφαλος *ουσ.* Οπαδός της παράταξης των Κοινοβουλευτικών, στη διάρκεια του Αγγλικού Εμφυλίου Πολέμου.[84] Οι Στρογγυλοκέφαλοι οφείλουν το παρατσούκλι τους στη συνήθειά τους να κόβουν κοντά τα μαλλιά τους, σε αντίθεση με τους εχθρούς τους, τους Καβαλιέρους που τα άφηναν μακριά. Υπήρχαν κι άλλες διαφορές μεταξύ τους, αλλά η κύρια αιτία της σύγκρουσής τους ήταν η κόμμωση. Οι Καβαλιέροι ήταν βασιλικοί, επειδή ο βασιλιάς, ένας οκνηρός τύπος, έβρισκε πιο εξυπηρετικό να αφήνει τα μαλλιά του μακριά παρά να πλένει το σβέρκο του. Οι Στρογγυλοκέφαλοι - κουρείς και σαπωνοποιοί οι περισσότεροι - έβλεπαν σ' αυτό το γεγονός το θάνατο του εμπορίου, κι έτσι ο βασιλικός σβέρκος μετετράπη σε αντικείμενο αγανάκτησης από την πλευρά τους. Οι απόγονοι των αντιμαχομένων κουρεύονται όλοι με τον ίδιο τρόπο, αλλά οι σπίθες της φωτιάς που άναψε εκείνη η αρχαία διαμάχη, σιγόκαινε κάτω από το χιόνι της βρετανικής ευγένειας.

Σκύλος *ουσ.* Είδος συμπληρωματικής ή δευτερεύουσας θεότητας προορισμένης να αφομοιώνει την υπερχείλιση ή το πλεόνασμα της ανθρώπινης θρησκευτικότητας.

Σκύλος: *Είδος συμπληρωματικής ή δευτερεύουσας θεότητας.*

Κάποιες από τις μικρότερες και μαλακότερες ενσαρκώσεις αυτής της ιερής οντότητας, καταλαμβάνουν στην τρυφερότητα της γυναίκας, τη θέση που δεν διεκδικεί κάποιος αρσενικός άνθρωπος.

Σπίτι *ουσ.* Το σπηλαιώδες κτήριο που έχουν αναγείρει στον τόπο κατοικίας ενός ανθρώπου τα ποντίκια, τα σκαθάρια, οι κατσαρίδες, οι μύγες, τα κουνούπια, οι βάκιλοι και τα μικρόβια.

Σπρώξιμο *ουσ.* Ένα από τα δύο κύρια πράγματα που συντελούν στην επιτυχία, ιδιαίτερα την πολιτική. Το άλλο είναι το τράβηγμα.

Στέψη *ουσ.* Η τελετή περιβολής ενός μονάρχη με τα εξωτερικά, ορατά σύμβολα του ιερού δικαιώματός του να τιναχτεί στον αέρα από βόμβα.

Στιχάκια *ουσ.* Η – συνήθως κακή - συμφωνία των τελικών ήχων των στίχων. Οι στίχοι αυτοί καθ' εαυτοί, στο βαθμό που ξεχωρίζουν – συχνά ασαφώς – από την πεζογραφία. Συνήθως (και κακώς) λέγονται «παραδοσιακοί στίχοι».

Στιχοπλόκος *ουσ.* Ένας ποιητής που αντιμετωπίζεται με αδιαφορία ή απορρίπτεται τελείως.

Στόχος *ουσ.* Η αποστολή που αναθέτουμε στις επιθυμίες μας.

Στρατώνας *ουσ.* Ένα κτήριο, στο οποίο κάθε στρατιώτης απολαμβάνει το δικαίωμά του να χορταίνει με την πείνα των υπολοίπων στρατιωτών.

Στρείδι *ουσ.* Ένα γλοιώδες θαλασσινό, κλεισμένο στο καβούκι του. Ο πολιτισμός παρέχει στους ανθρώπους την τόλμη να το τρώνε χωρίς να το ξεκοιλιάζουν! Μερικές φορές, τα κελύφη δίνονται στους φτωχούς.

Στρεψόδικος *ουσ.* Ένας ψεύτης στο στάδιο της κάμπιας.

Συγκίνηση *ουσ.* Εξουθενωτική ασθένεια που οφείλεται στο ανέβασμα της καρδιάς στο κεφάλι. Συχνά συνοδεύεται με άφθονη έκκριση υγρού χλωρικού νατρίου από τα μάτια.

Συγχαρητήρια *ουσ. πληθ.* Ο εκπολιτισμός του μίσους.

Συγχωρώ *ρ.* Δίνω άφεση σε μια παράβαση κι επαναφέρω στη ζωή το έγκλημα. Προσθέτω στο δέλεαρ του εγκλήματος τον πειρασμό της αχαριστίας.

Σύζυγος *ουσ.* Αυτός που, αφού φάει το βραδινό του, χρεώνεται τη φροντίδα των πιάτων.

Συκοφάντης *ουσ.* Αυτός που έχει τόσο μεγαλείο στην κοιλιά του, ώστε δεν χρειάζεται να γυρίσει για να τον κλοτσήσεις. Ορισμένες φορές είναι αρχισυντάκτης.

Συκώτι *ουσ.* Ένα μεγάλο κόκκινο όργανο με το οποίο μας εφοδίασε η σοφία της φύσης για να πονάμε. Τα συναισθήματα και οι συγκινήσεις που σήμερα κάθε λογοτεχνικός ανατόμος γνωρίζει πως στοιχειώνουν την καρδιά, οι αρχαίοι πίστευαν πως λυμαίνονταν το συκώτι.

Συκοφαντώ *ρ. μτβ.* Λέω ψέματα για κάποιον, προκειμένου να πω αλήθεια για κάποιον άλλο.

Συλλαμβάνω *ρ. μτβ.* Τυπικά, σημαίνει παρενοχλώ κάποιον που κατηγορείται για ενοχλητική συμπεριφορά.

Συλλογίζομαι *ρ. αμτβ.* Ζυγίζω τις πιθανότητες στη ζυγαριά της επιθυμίας.

Συλλογισμός *ουσ.* Λογικό σχήμα που αποτελείται από μία μείζονα προκείμενη, μία ελάσσονα προκείμενη κι έναν παραλογισμό. [Βλέπε λήμμα Λογική].

Συλλυπούμαι *ρ. μτβ.* Αποδεικνύω πως η απώλεια ενός προσφιλούς προσώπου είναι μικρότερο κακό από τα συλλυπητήρια.

Συλφίδα[85] *ουσ.* Ένα άυλο αλλά ορατό πλάσμα, που κατοικούσε στον αέρα, όταν ο αέρας ήταν φυσικό στοιχείο και δεν είχε δηλητηριαστεί από τον καπνό των εργοστασίων, το φωταέριο και τα σχετικά προϊόντα του πολιτισμού. Οι Συλφίδες ήταν σύμμαχοί των Γνόμων, των Νυμφών και των Σαλαμάνδρων, αντίστοιχων κατοίκων της γης, του νερού και της φωτιάς, που είναι ήδη μολυσμένα. Οι Συλφίδες, όπως όλα τα πουλιά, ήταν θηλυκές και αρσενικές, χωρίς προφανή λόγο, γιατί αν είχαν την ικανότητα να αναπαράγονται, κάπου θα έφτιαχναν φωλιές, αλλά κανείς ποτέ δεν είδε Συλφιδάκια.

Συμβιβασμός *ουσ.* Η ρύθμιση αντικρουόμενων συμφερόντων, που παρέχει σε κάθε πλευρά το δικαίωμα να θεωρεί πως διατήρησε ό,τι δεν ήταν υποχρεωμένη να κατέχει και δεν στερήθηκε παρά μόνο ό,τι δικαιωματικά της ανήκε.

Σύμβολο *ουσ.* Κάτι που αποτελεί δείγμα ή αντικαθιστά κάτι άλλο. Πολλά σύμβολα είναι «κατάλοιπα»: πράγματα που ενώ δεν έχουν πια οποιαδήποτε χρησιμότητα, συνεχίζουν να υπάρχουν επειδή έχουμε κληρονομήσει τη συνήθεια να τα κάνουμε. Λόγου χάρη, οι υδρίες που σκαλίζουμε στις ταφόπλακες. Κάποτε ήταν πραγματικές υδρίες που περιείχαν τη στάχτη των νεκρών. Δεν μπορούμε να σταματήσουμε να τις σκαλίζουμε, αλλά μπορούμε να τους δώσουμε ένα όνομα που θα κρύβει την αχρηστία τους.

Συμβουλεύομαι *ρ. αμτβ.* Ζητώ την αποδοκιμασία κάποιου για κάτι που έχω ήδη αποφασίσει.

Συμβουλεύω *ρ. μτβ.* Σε θρησκευτικά ζητήματα, συμβουλεύω σημαίνει: σουβλίζω τη συνείδηση κάποιου και την ψήνω μέχρι να ροδοκοκκινίσει ανησυχητικά.

Συμβουλή *ουσ.* Το μικρότερο σε κυκλοφορία νόμισμα.

Συμμαχία *ουσ.* Στη διεθνή πολιτική, έτσι ονομάζεται η ένωση δυο κλεφτών που έχουν τα χέρια τους τόσο βαθιά χωμένα ο ένας στις τσέπες του άλλου, ώστε δεν μπορούν να κλέψουν τρίτο.

Συμπεριφορά *ουσ.* Η διαγωγή, όπως διαμορφώνεται όχι από την ηθική αλλά από την αναπαραγωγή.

Συμφιλίωση *ουσ.* Αναστολή εχθροπραξιών. Ένοπλη εκεχειρία, για να ξεθαφτούν οι νεκροί.

Συμφορά *ουσ.* Μια απόλυτα σαφής και βέβαιη υπενθύμιση του γεγονότος πως η ζωή δεν είναι στο χέρι μας. Οι συμφορές είναι δύο ειδών: δυστυχία για μας κι ευτυχία για τους άλλους.

Συναλλαγή *ουσ.* Η απροκάλυπτη εξύβριση του αντιπάλου.

Συναναστρέφομαι *ρ. μτβ.* Εξαθλιώνω κάποιον.

Συνένοχος *ουσ.* Αυτός που συμμετέχει σ' ένα έγκλημα, με πλήρη επίγνωση της πράξης του. Λόγου χάρη, ο δικηγόρος που υπερασπίζεται έναν εγκληματία, γνωρίζοντας πως είναι ένοχος. Ο ρόλος των δικηγόρων στην όλη υπόθεση δεν απαιτεί μέχρι στιγμής τη συγκατάθεσή τους, αφού κανείς δεν τους πλήρωσε ποτέ γι' αυτήν.

Συνήθεια *ουσ.* Χειροπέδες για τον ελεύθερο άνθρωπο.

Σύνορα *ουσ.* Στη γεωγραφία, σύνορα λέγονται οι φανταστικές γραμμές ανάμεσα σε δύο χώρες, που χωρίζουν τη φανταστική εθνική κυριαρχία της μιας από τη φανταστική εθνική κυριαρχία της άλλης.

Συνταγή *ουσ.* Αυτό που υποθέτει ο γιατρός πως θα παρατείνει την κατάσταση του ασθενούς, με τη λιγότερη ζημιά.

Συντηρητικός *ουσ.* Ο πολιτικός που είναι ερωτευμένος με τα σημερινά κακώς κείμενα. Διαφέρει σαφώς από το Φιλελεύθερο που θέλει να τα αντικαταστήσει με άλλα καινούργια.

Συντριβή *ουσ.* Η αρρώστια που προκαλείται από την έκθεσή μας στην ευημερία των φίλων.

Σύντροφος (η) *ουσ.* Η σύζυγος, το πικρό-πικρό μισό σου.

Συστάσεις *ουσ. πληθ.* Μια κοινωνική τελετή που επινόησε ο διάβολος για να ικανοποιήσει τους υπηρέτες του και να τσακίσει τους εχθρούς του. Οι συστάσεις ανέπτυξαν πλήρως τη μοχθηρία τους στη διάρκεια του αιώνα μας [19ος], λόγω του στενού συσχετισμού τους με το πολιτικό σύστημα. Κάθε Αμερικανός είναι ίσος με οποιονδήποτε άλλο Αμερικανό. Συνεπώς, καθένας έχει το δικαίωμα να γνωρίζει οποιονδήποτε, πράγμα που σημαίνει ν' αρχίζει τις συστάσεις, χωρίς να του ζητηθεί ή να του επιτραπεί. Η Διακήρυξη της Ανεξαρτησίας θα πρέπει να διαβαστεί κάπως έτσι:

> «Θεωρούμε αυτονόητες τις παρακάτω αλήθειες. Όλοι οι άνθρωποι πλάστηκαν ίσοι και προικίστηκαν από το Δημιουργό τους με ορισμένα αναφαίρετα δικαιώματα, ανάμεσα στα οποία είναι το δικαίωμα στη ζωή, το δικαίωμα να κάνουν τη ζωή του άλλου απελπιστική, εκτοξεύοντας κατά πάνω του μια απροσμέτρητη ποσότητα συστάσεων, το δικαίωμα στην ελευθερία να συστήνουν τον ένα στον άλλο, χωρίς να φροντίζουν πρώτα να μάθουν αν είναι ήδη γνωστοί ως εχθροί, και τέλος το δικαίωμα στην αναζήτηση της ευτυχίας του άλλου με ένα αφηνιασμένο κοπάδι αγνώστων».

Σφιχτοχέρης *επίθ.* Αυτός που διακατέχεται από το ασίγαστο πάθος να διατηρήσει αυτά που άλλοι, αξιολογότατοι άνθρωποι, θα εύχονταν να είχαν.

Σφραγίδα *ουσ.* Ένα σημάδι που τυπώνεται πάνω σε ορισμένα έγγραφα, για να αποδεικνύει την αυθεντικότητα και την ισχύ τους. Μερικές φορές τυπώνεται σε κερί το οποίο έχει χυθεί πρώτα στο χαρτί. Το σφράγισμα, με αυτή την έννοια, είναι επιβίωση της πολύ παλιάς συνήθειας να χαράσσονται σε σημαντικά έγγραφα Καμπαλιστικές[86] εκφράσεις και σύμβολα, που τους έδιναν μαγική δύναμη, ανεξάρτητα από την εξουσία που αντιπροσώπευαν. Στο Βρετανικό Μουσείο φυλάσσονται πολλά παμπάλαια έγγραφα, κυρίως εκκλησιαστικά, επικυρωμένα με Νεκρομαντικές Πεντάλφες[87] και άλλα σχήματα, αποτελούμενα συχνά από αρχικά λέξεων, τοποθετημένα με τον ίδιο τρόπο που τοποθετούνται στις σημερινές σφραγίδες. Οι περισσότερες παράλογες και κατά τα φαινόμενα άσκοπες σύγχρονες συνήθειες, τελετές ή τυπικά είχαν κάποτε κάποια χρησιμότητα, χαμένη στα βάθη του χρόνου. Γι' αυτό θα είχε γούστο να αναφέρουμε το εντελώς αντίθετο παράδειγμα μιας παμπάλαιας ανοησίας, που με το πέρασμα του χρόνου εξελίχθηκε σε κάτι εξαιρετικά χρήσιμο. Η λέξη «ειλικρίνεια» [sincere] προέρχεται από τη λατινική φράση sine cero, χωρίς κερί, αλλά οι απόψεις των ειδικών δίστανται επί του αν η ετυμολογική προέλευση σχετίζεται με την απουσία Καμπαλιστικών συμβόλων, ή με το κερί που έβαζαν στα γράμματα παλιότερα, προκειμένου να αποφύγουν την συνηθέστατη παραβίαση του απόρρητου της αλληλογραφίας. Πάντως, σε ώρα ανάγκης, και οι δύο απόψεις μια χαρά ερμηνεύουν το όλο ζήτημα.

Σχεδιάζω *ρ. μτβ.* Παιδεύομαι να επινοήσω την καταλληλότερη μέθοδο, για την επίτευξη ενός τυχαίου αποτελέσματος.

Σχέση *ουσ.* Θεόσταλτο είδος σχέσης στο οποίο οδηγούνται δύο ηλίθιοι, προκειμένου να αλληλοκαταστραφούν.

Σωστός *επίθ.* Ο μολυσμένος από τις απόψεις μας. Ο ιδιαίτερα φιλόξενος απέναντι στην πειθώ, την αναίρεση και την υπεκφυγή.

Ταμπλ-ντοτ *[<γαλλ. Table d' hote] ουσ.* Η φειδωλή συνεισφορά του εστιάτορα στο παγκόσμιο πάθος για ανευθυνότητα.

Ταραχοποιός *ουσ.* Ο δημόσιος άνδρας που ξεπατώνει από το κούνημα τα δέντρα των γειτόνων του, για να πέσουν τα σκουλήκια απ' τους καρπούς.

Ταριχεύω *ρ. μτβ.* Εξαπατώ τη βλάστηση, φυλακίζοντας τις γάζες πάνω στις οποίες θα φύτρωνε. Ταριχεύοντας τους νεκρούς τους και συνεπώς διαταράσσοντας τη φυσική ισορροπία ανάμεσα στα ζώα και τα φυτά, οι Αιγύπτιοι μετέτρεψαν την άλλοτε γόνιμη και πολυπληθή χώρα τους σ' ένα γυμνό τόπο ικανό να θρέψει μόνο μια χούφτα λιπόσαρκους ανθρώπους. Το σύγχρονο μεταλλικό φέρετρο είναι ένα βήμα προς την ίδια κατεύθυνση και πολλοί νεκροί που όφειλαν να κοσμούν τον κήπο του γείτονά τους σαν δέντρα ή να πλουτίζουν το τραπέζι του σαν ραπανάκια, είναι ήδη καταδικασμένοι σε παρατεταμένη αχρηστία. Βέβαια, αν καταφέρουμε να επιβιώσουμε, κάποτε θα τους πάρουμε πίσω και θα τους αξιοποιήσουμε. Όμως στο μεταξύ η βιολέτα και το τριαντάφυλλο μαραζώνουν για μια τόση δα δαγκωνίτσα στον glutoeus maximus [Μέγα γλουτιαίο μυ].

Τάφος *ουσ.* Το μέρος στο οποίο ξαπλώνουν οι νεκροί, περιμένοντας το φοιτητή της ιατρικής.

Ταχυδακτυλουργία *ουσ.* Η τέχνη να μετατρέπεις τη δεισιδαιμονία σε νόμισμα. Υπάρχουν κι άλλες τέχνες που υπηρετούν τον ίδιο υψηλό σκοπό, αλλά ο λεξικογράφος είναι ντροπαλός και δεν μπορεί να τις κατονομάσει.

Τελειότητα *ουσ.* Φανταστική κατάσταση ή ιδιότητα, που διακρίνεται από την πραγματική, με ένα στοιχείο γνωστό ως υπεροχή. Ιδιαίτερο γνώρισμα του κριτικού.

Τελεσίγραφο *ουσ.* Στη διπλωματία, έτσι ονομάζεται η τελευταία προειδοποίηση, πριν την καταφυγή στις παραχωρήσεις και τους συμβιβασμούς.

Τεμπελιά *ουσ.* Αδικαιολόγητη εξασθένιση της καλής διαγωγής ενός ανθρώπου κατώτερης κοινωνικής τάξης.

Τέχνη *ουσ.* Τι είναι αυτό; Δεν υπάρχει ορισμός.

Τεχνική Λεπτομέρεια *ουσ.* Σ' ένα αγγλικό δικαστήριο, κάποιος ονόματι Χόουμ, δικαζόταν για συκοφαντική δυσφήμιση. Είχε κατηγορήσει το γείτονά του πως διέπραξε φόνο. Η επίμαχη δυσφημιστική φράση ήταν ακριβώς η παρακάτω: «*Ο Σερ Τόμας Χολτ, άρπαξε έναν μπαλτά και χτύπησε τον μάγειρά του στο κεφάλι, έτσι που το μισό κεφάλι να πέσει στον ένα ώμο και το υπόλοιπο στον άλλο*». Ο κατηγορούμενος απαλλάχθηκε από το δικαστήριο. Οι σοφοί δικαστές ισχυρίστηκαν πως η φράση δεν καταμαρτυρεί φόνο, γιατί δεν επιβεβαιώνει το θάνατο του μάγειρα, ο οποίος θα μπορούσε να θεωρηθεί απλά μια από τις συνέπειες της μπαλταδιάς.

Τζέι (το) Το J είναι σύμφωνο της αγγλικής γλώσσας, αλλά μερικά έθνη το χρησιμοποιούν σαν φωνήεν (δεν υπάρχει μεγαλύτερος παραλογισμός απ' αυτό). Η αυθεντική του μορφή, που έχει αλλάξει ελάχιστα, ήταν το σχήμα της ουράς ενός φοβισμένου σκύλου και δεν επρόκειτο για γράμμα, αλλά για σύμβολο του λατινικού ρήματος «jacere», «ρίχνω», επειδή όταν ο σκύλος τρώει μια πέτρα στο κεφάλι η ουρά του παίρνει παρόμοιο σχήμα. Αυτή είναι η καταγωγή του γράμματος, σύμφωνα με το διάσημο Δρ. Ευθύμιο Μπούμερ του Πανεπιστημίου του Βελιγραδίου, ο οποίος τεκμηρίωσε τα συμπεράσματα των ερευνών του επί του θέματος σε τρεις τόμους ογδόου σχήματος και αυτοκτόνησε, όταν του υπενθύμισαν πως το J του λατινικού αλφαβήτου στην αρχή δεν είχε καμπύλη.

Τηλεσκόπιο *ουσ.* Συσκευή που είναι για το μάτι ό,τι το τηλέφωνο για το αυτί. Έχει την ικανότητα να επιτρέπει σε μακρινά αντικείμενα να μας λυμαίνονται με στίφη εντελώς άχρηστων λεπτομερειών. Ευτυχώς δεν διαθέτει κουδούνι κι έτσι τουλάχιστον δεν ξέρουμε πότε ήρθε η ώρα μας.

Τηλέφωνο *ουσ.* Μια εφεύρεση του διαβόλου, που ακυρώνει το πλεονέκτημα να κρατάς τους ανεπιθύμητους σε απόσταση.

Τιμωρία *ουσ.* Βροχή από φωτιά και θειάφι που πέφτει αδιακρίτως επί δικαίων και... όσων αδίκων δεν φρόντισαν να εξασφαλίσουν καταφύγιο, διώχνοντας τους δίκαιους στους οποίους ανήκε.

Τόλμη *ουσ.* Ένα από τα πιο αξιοζήλευτα χαρακτηριστικά του ασφαλισμένου.

Τραστ *[<αγγλ. trust] ουσ.* Στην αμερικανική πολιτική, έτσι ονομάζεται μια μεγάλη εταιρία, που έχει μετόχους εργάτες με αποταμιευτικό πνεύμα, χήρες με μικρό εισόδημα, ορφανά υπό δικαστική επιμέλεια, κι άλλους παρεμφερείς παλιανθρώπους και δημόσιους κινδύνους.

Τραυματισμός *ουσ.* Το αμέσως επόμενο παράπτωμα από την προσβολή.

Τρελός *επίθ.* Ο προσβεβλημένος από υπερβολική πνευματική ανεξαρτησία. Ο μη συμμορφωμένος με τις προδιαγραφές της σκέψης, του λόγου και της πράξης, που έχουν διαμορφώσει οι συμμορφωμένοι μελετώντας τους εαυτούς τους. Ο διαφωνών με την πλειοψηφία. Κοντολογίς, ο ασυνήθιστος. Αξίζει να σημειωθεί πως η απόφαση για το αν κάποιος είναι τρελός λαμβάνεται από ειδικούς, οι οποίοι απλά δεν διαθέτουν κανένα στοιχείο πως δεν είναι οι ίδιοι εντελώς ψυχοπαθείς. Για να γίνουμε πιο συγκεκριμένοι, ο υποφαινόμενος (και διαπρεπής) λεξικογράφος δεν είναι περισσότερο σίγουρος για τα λογικά του από οποιονδήποτε τρόφιμο οποιουδήποτε ψυχιατρείου αυτής της χώρας. Ίσαίσα γνωρίζει πως αντί να δεσμεύει τις δυνάμεις του σ' αυτό το σημαντικό επάγγελμα, θα μπορούσε κάλλιστα να κοπανάει τα κάγκελα του παραθύρου σε ένα άσυλο και να φωνάζει πως είναι ο Νώε Γουέμπστερ,[88] προς - άδολη οπωσδήποτε - τέρψη και απόλαυση ενός πλήθους απερίσκεπτων παρατηρητών.

Τριάδα *ουσ.* Περίπλοκη θρησκευτική άποψη ορισμένων Χριστιανικών Εκκλησιών: τρεις απόλυτα ξεχωριστές θεότητες συναπαρτίζουν μία. Οι υποδεέστερες θεότητες του πολυθεϊσμού, όπως οι διάβολοι και οι άγγελοι, δεν έχουν το χάρισμα να συνδυάζονται και πρέπει να διεκδικούν τη λατρεία και τον εξευμενισμό κάθε μία για λογαριασμό της. Η Τριάδα είναι ένα από τα καταπληκτικότερα μυστήρια της αγίας θρησκείας μας. Απορρίπτοντας την Τριάδα ως ακατανόητη, οι Ουνιταριανοί[89] αποδεικνύουν τη θεολογική ανεπάρκειά τους. Στη θρησκεία, για να πιστέψουμε κάτι πρέπει να μην το καταλαβαίνουμε, εκτός από την περίπτωση που μια κατανοητή διδασκαλία αντικρούει μια παράλογη, οπότε πιστεύουμε στην πρώτη ως τμήμα της δεύτερης.

Τροχός Βασανιστηρίων *ουσ.* Συσκευή ιδεολογικής αντιπαράθεσης, την οποία χρησιμοποιούσαν παλιότερα για να πείθουν τους λάτρεις εσφαλμένων ιδεών να ενστερνιστούν την πραγματική αλήθεια. Σαν δέλεαρ για τους αμετάπειστους, ο τροχός δεν ήταν ποτέ ιδιαίτερα αποτελεσματικός. Σήμερα πια δεν είναι καθόλου δημοφιλής.

Τρώω *ρ. αμτβ.* Εκτελώ διαδοχικά - και επιτυχώς - της λειτουργίες της μάσησης, της ύγρανσης και της κατάποσης.

Τσέπη *ουσ.* Το λίκνο του κινήτρου κι ο τάφος της συνείδησης. Η γυναίκα δεν έχει τέτοιο όργανο. Έτσι, ενεργεί χωρίς κίνητρα και η συνείδησή της - μη έχοντας πού να ταφεί - μένει αιωνίως ζωντανή, για να εξομολογείται τις αμαρτίες των άλλων.

Τσιμπούσι *ουσ.* Γιορτή. Θρησκευτικός εορτασμός ο οποίος συνήθως σημαδεύεται από λαιμαργία και μπε-

Τρελός: *Ο προσβεβλημένος από υπερβολική πνευματική ανεξαρτησία.*

κρουλίκι· συχνά προς τιμήν κάποιου αγίου γνωστού για την εγκράτειά του.

Τσίρκο *ουσ.* Το μέρος, όπου τα άλογα, τα πόνυ και οι ελέφαντες έχουν την ευκαιρία να παρακολουθήσουν άντρες, γυναίκες και παιδιά να παριστάνουν τους καραγκιόζηδες.

Τυμβωρύχος *ουσ.* Ο κλέφτης σκουληκιών. Αυτός που εφοδιάζει τους νέους γιατρούς με ό,τι οι παλιοί γιατροί εφοδίασαν τον εργολάβο κηδειών. Η ύαινα.

Τυπογραφικό Στοιχείο *ουσ.* Θανατηφόρο τεμάχιο μετάλλου, που έχει ενοχοποιηθεί για το θάνατο του πολιτισμού και του διαφωτισμού, παρά την τεράστια συνεισφορά του στο παρόν απαράμιλλο λεξικό.

΄Υαινα *ουσ.* Ζώο, το οποίο σέβονται ορισμένοι λαοί της Ανατολής, επειδή συνηθίζει να συχνάζει όπου υπάρχουν πτώματα. Αλλά το ίδιο κάνουν και οι φοιτητές της ιατρικής.

Υβρίδιο *ουσ.* Η συμφιλίωση μιας διαφοράς.

΄Υδρα *ουσ.* Ζώα ήταν οι ΄Υδρες, έλεγαν οι αρχαίοι ΄Ελληνες, που είχαν πολλά κεφάλια.

Υλικό *επίθ.* Αυτό που υπάρχει πραγματικά, σε αντίθεση με κείνο που υπάρχει φανταστικά. Το υπολογίσιμο.

΄Υπαιθρος *ουσ.* Το τμήμα του περιβάλλοντος από το

οποίο οι κυβερνήσεις δεν μπορούν να μαζέψουν φόρους. Κατά κύριο λόγο είναι πολύ χρήσιμο στους εμπνευσμένους ποιητές.

Ύπαρξη *ουσ.*

> Όνειρο παροδικό, φοβερό και τρομερό,
> που δεν προλαβαίνουμε όλο να το δούμε σ' ένα βράδυ.
> Κι όταν κάτι πάει να γίνει, μας ξυπνάει άρον-άρον
> ο συμβίος μας ο Χάρων
> μ' ένα χάδι.
> Και πετιόμαστε οι μαύροι μες στο μαύρο το σκοτάδι
> και φωνάζουμε: «Πω, πω!
> όνειρο που ήταν κι αυτό!»

Υπερβολή *ουσ.* Στην ηθική, έτσι ονομάζεται η απόλαυση που ενισχύει, με τις κατάλληλες παραβάσεις, νόμο της μετριοπάθειας.

Υπερεργασία *ουσ.* Επικίνδυνη πάθηση, που πλήττει τα υψηλά στελέχη που θέλουν να πάνε για ψάρεμα.

Υπερφίαλος *επίθ.* Κάποιος που νομίζει πως αξίζει πολλά, ανάμεσα σε τόσους και τόσους ανθρώπους με πολύ χαλαρές ιδέες ως προς το τι σημαίνει «αξίζω».

Υπευθυνότητα *ουσ.* Η μάνα της σύνεσης.

Υποβάθμιση *ουσ.* Ένα από τα στάδια της ηθικής και

Υποταγή: *Διεστραμμένη τρυφερότητα, η οποία εκτρέπεται προς τη σύζυγο.*

κοινωνικής μετάβασης από την ιδιώτευση στην πολιτική ανάδειξη.

Υποκριτής *ουσ.* Αυτός που, διακηρύττοντας αξίες που δεν σέβεται, εξασφαλίζει το πλεονέκτημα να μοιάζει με ό,τι θέλει να μοιάζει.

Υπομονή *ουσ.* Ελάσσων μορφή απελπισίας. Θεωρείται αρετή.

Υποταγή *ουσ.* Διεστραμμένη τρυφερότητα, η οποία εκτρέπεται προς τη σύζυγο.

Υποψήφιος *ουσ.* Ο σεμνός κύριος που εγκαταλείπει το αλαζονικό προνόμιο της ιδιωτικής ζωής και αποσύρεται στην αφανή εντιμότητα του Δημοσίου.

Υπουργείο *ουσ.* Στην πολιτική, έτσι ονομάζεται ο ιδιαίτερα αποτελεσματικός οργανισμός που μεριμνά, ώστε να εισπράττει τις κλωτσιές και τις καρπαζιές που θα έπρεπε να εισπράξει ο Πρωθυπουργός ή ο Πρόεδρος. Διοικείται από έναν αχυράνθρωπο, που αντέχει τα κλούβια αυγά και τις ψόφιες γάτες.

Φαγώσιμος *επίθ.* Εύγευστος και υγιεινός, όπως το σκουλήκι για το βάτραχο, ο βάτραχος για το φίδι, το φίδι για το γουρούνι, το γουρούνι για τον άνθρωπο και ο άνθρωπος για το σκουλήκι.

Φάκελος *ουσ.* Το φέρετρο ενός εγγράφου, η φαρέτρα ενός λογαριασμού, το καβούκι ενός εμβάσματος, το νυχτικό μιας ερωτικής επιστολής.

Φαντασία *ουσ.* Αποθήκη γεγονότων, με συνιδιοκτήτες τον ποιητή και τον ψεύτη.

Φάντασμα *ουσ.* Η εξωτερική, ορατή μορφή ενός εσωτερικού φόβου.

Φαρέτρα *ουσ.* Φορητή θήκη στην οποία οι αρχαίοι κυβερνητικοί λειτουργοί και οι πρωτόγονοι δικηγόροι, τοποθετούσαν τα πιο εύστοχα επιχειρήματά τους.

Φάρμακο *ουσ.* Μια πέτρα που πετιέται από τη Δραπετσώνα για να σκοτώσει ένα σκύλο στο Κολωνάκι.

Φάρος *ουσ.* Ένα ψηλό κτήριο στην ακτή, στο οποίο η κυβέρνηση τοποθετεί μια λάμπα και τον φίλο ενός πολιτικού.

Φθόνος *ουσ.* Η ευγενής άμιλλα προσαρμοσμένη στις ικανότητες των ρεμαλιών.

Φίδι *ουσ.* Είδος ερπετού. Ονομάζεται έτσι επειδή δεν φείδεται των εξόδων, προσθέτοντας στα όσα έχουμε και τα έξοδα της κηδείας μας.

Φιλάνθρωπος *ουσ.* Ένας πλούσιος (συνήθως φαλακρός) κύριος μεγάλης ηλικίας, που εκπαίδευσε τον εαυτό του να χαμογελά περιφρονητικά, όταν η συνείδησή του βάζει χέρι στην τσέπη του.

Φιλί *ουσ.* Λέξη που την επινόησαν οι ποιητές για να ομοιοκαταληκτεί με το «Χαρούμενος πολύ!». Υποτίθεται πως σε γενικές γραμμές σηματοδοτεί ένα είδος τυπικού ή τελετουργίας σχετικής με την απόλυτη κατανόηση, αλλά ο τρόπος με τον οποίο εκτελείται είναι άγνωστος στο λεξικογράφο.

Φιλία *ουσ.* Ένα πλοίο αρκετά μεγάλο για να μεταφέρει δύο άτομα όταν έχει καλό καιρό, αλλά μόνο ένα όταν πιάσει φουρτούνα.

Φιλισταίος[90] *ουσ.* Αυτός του οποίου το μυαλό είναι δημιούργημα του περιβάλλοντός του. Ο Φιλισταίος ακολουθεί τη μόδα στη σκέψη, στα συναισθήματα και τις αντιλήψεις. Ορισμένες φορές είναι μορφωμένος, συχνά ευκατάστατος, κατά κανόνα καθαρός και πάντα σοβαρός.

Φιλοδοξία *ουσ.* Η ακατανίκητη επιθυμία να σε κατηγορούν οι εχθροί σου όσο ζεις και να σε ξεφτιλίζουν οι φίλοι σου όταν πεθάνεις.

Φιλοξενία *ουσ.* Η αρετή που μας αναγκάζει να προσφέρουμε τροφή και στέγη σε άτομα που δεν χρειάζονται τροφή και στέγη.

Φιλοσοφία *ουσ.* Μια πορεία με πολλούς δρόμους που οδηγούν από το πουθενά στο τίποτε.

Φορητός *ουσ.* Ο υποκείμενος σε ασταθές ιδιοκτησιακό καθεστώς, λόγω ευκολίας αλλαγής κατόχου.

Φτώχια *ουσ.* Λίμα κατάλληλη για τα δόντια των αρουραίων της μεταρρύθμισης. Ο αριθμός των νομοσχεδίων για την κατάργησή της είναι ίσος με το άθροισμα των μεταρρυθμιστών που υποφέρουν από αυτήν και

Σκοτσέζικη Φούστα: *Τη φορούν οι Σκοτσέζοι στην Αμερική και οι Αμερικανοί στη Σκοτία.*

των φιλοσόφων που δεν γνωρίζουν καν την ύπαρξή της. Τα θύματά της διακρίνονται από το γεγονός πως κατέχουν όλες τις αρετές και από την πίστη τους σε ηγέτες που επιζητούν να τους οδηγήσουν σε μιαν ευημερία, στην οποία – όπως ισχυρίζονται - οι εν λόγω αρετές είναι κάτι εντελώς άγνωστο.

Φυλακή *ουσ.* Τόπος τιμωριών και επιβραβεύσεων. Ο ποιητής μας διαβεβαιώνει πως:

«Τη φυλακή δεν την κάνει ένας πέτρινος τοίχος».

Οπωσδήποτε. Όμως ένας συνδυασμός πέτρινου τοίχου, πολιτικού παράσιτου και ηθικού καθοδηγητή δεν είναι δα κανένας κήπος των απολαύσεων.

Φυσιογνωμική *ουσ.* Η τέχνη να προσδιορίζουμε το χαρακτήρα κάποιου, με βάση τις ομοιότητες και τις διαφορές που παρουσιάζει το πρόσωπό του από το δικό μας, το οποίο, φυσικά, είναι το μέτρο της τελειότητας.

Φωνόγραφος *ουσ.* Ένα ερεθιστικό παιχνίδι που ξαναδίνει ζωή σε νεκρούς ήχους.

Φωστήρας *ουσ.* Αυτός που ρίχνει φως σε κάποιο ζήτημα, όπως ο αρχισυντάκτης μιας εφημερίδας, όταν δεν γράφει γι' αυτό.

Φωτογραφία *ουσ.* Ένας πίνακας που ζωγραφίζει ο

ήλιος, χωρίς να έχει καλλιτεχνικές γνώσεις. Είναι λίγο καλύτερος από το έργο ενός Απάτσι, αλλά όχι τόσο καλός όσο ενός Τσεγιέν[91].

Χάμπεας Κόρπους *[<λατιν. Habeas Corpus*[92]*]* *ουσ.* ΄Ενταλμα με το οποίο μπορεί να αφεθεί ελεύθερος ο άνθρωπος που φυλακίστηκε για λάθος έγκλημα.

Χασίσι *αγν.* Δεν υπάρχει ορισμός αυτής της λέξης. Κανείς δεν ξέρει τι σημαίνει χασίσι.

Χειροθεσία *ουσ.* Η πράξη ευλόγησης ή καθαγιασμού που γίνεται με το άπλωμα των χεριών. Πρόκειται για τελετή κοινή σε όλες τις θρησκείες, αλλά η καταγωγή της αποδίδεται με την ειλικρινέστερη ειλικρίνεια σε κάποια αίρεση γνωστή με την επωνυμία Κλέφτες.

Χειροκρότημα *ουσ.* Ο αντίλαλος μιας κοινοτοπίας.

Χειρομαντία *ουσ.* Σύμφωνα με την ταξινόμηση του Μασταπείρε, είναι η 947η μέθοδος απόκτησης χρημάτων με ψευδείς ισχυρισμούς. Ουσιαστικά, πρόκειται για την «ανάγνωση χαρακτήρων» στις ρυτίδες που δημιουργούνται στην εσωτερική πλευρά του χεριού από το άνοιξε-κλείσε. Ο ισχυρισμός αυτός δεν είναι απόλυτα λανθασμένος. Πραγματικά, είναι δυνατόν να διαβαστούν με απόλυτη ακρίβεια χαρακτήρες, γιατί οι ρυτίδες οποιουδήποτε χεριού παραδίδεται ορθάνοιχτο στο χειρομάντη, σχηματίζουν τη λέξη «κορόιδο». Εδώ, η απάτη αφορά μόνο στο γεγονός πως η ανάγνωση δεν γίνεται φωναχτά.

Χέρι *ουσ.* Εξαιρετικό εργαλείο προσαρμοσμένο στα άνω άκρα ενός ανθρώπου και συνήθως χωμένο στις τσέπες κάποιου άλλου.

Χήρα *ουσ.* Μια συγκινητική φιγούρα την οποία ο Χριστιανικός κόσμος έχει συμφωνήσει να αντιμετωπίζει με χιούμορ, αν και η στοργή που έδειχνε ο Χριστός στις χήρες ήταν ένα από τα πιο ενδιαφέροντα σημεία του χαρακτήρα του.

Χιλιετία *ουσ.* Χίλια χρόνια το ένα πάνω στο άλλο, τη στιγμή που κλείνει το καπάκι, αφήνοντας απέξω όλους τους μεταρρυθμιστές.

Χλευασμός *ουσ.* Λέξεις κατάλληλα διαμορφωμένες, ώστε να δείχνουν πως αυτός χάρην του οποίου εκστο-

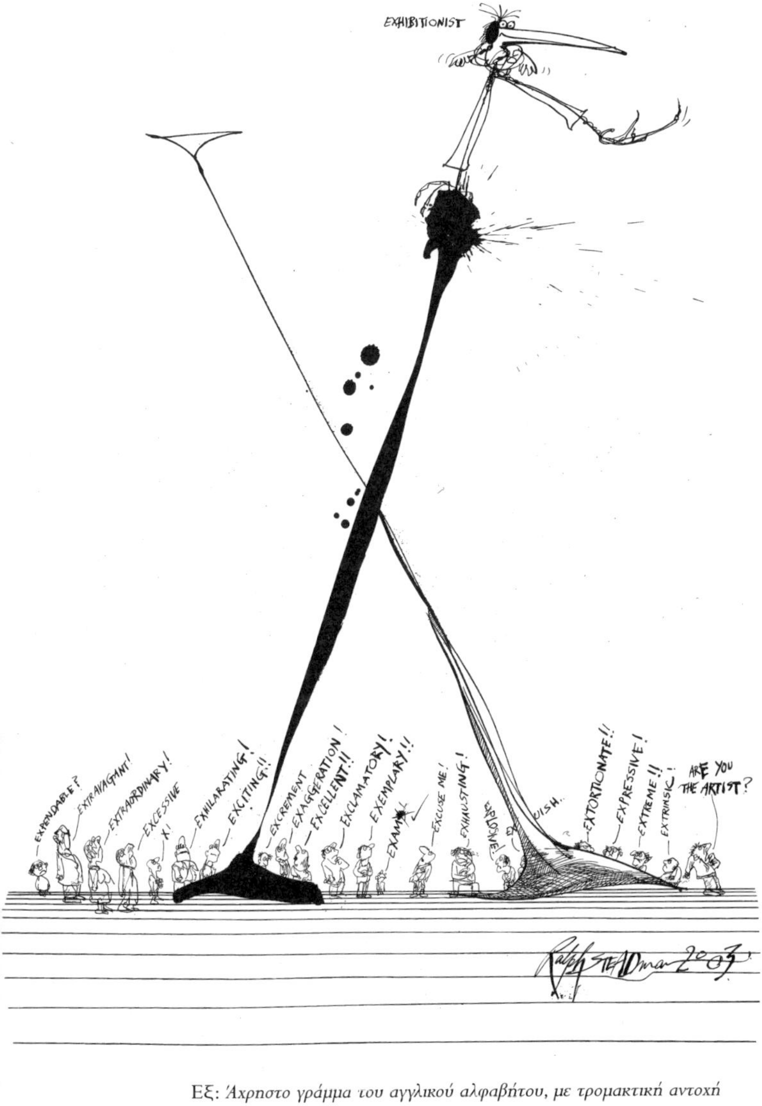

Εξ: *Άχρηστο γράμμα του αγγλικού αλφαβήτου, με τρομακτική αντοχή στις επιθέσεις των μεταρρυθμιστών της ορθογραφίας.*

μίζονται δεν είναι δα και καμιά σπουδαία προσωπικότητα, όπως αυτός που τις εκστομίζει.

Χόμπυ *ουσ.* Συσκευή παραγωγής κατατονίας. Ελαφρά γυμναστική για την απώλεια πνευματικών δυνάμεων.

Χορεύω *ρ. αμτβ.* Χοροπηδώ στο ρυθμό ζωηρής μουσικής, κατά προτίμηση με τα χέρια γύρω στη γυναίκα ή την κόρη του γείτονα. Υπάρχουν πολλά είδη χορού, αλλά όσα απαιτούν συμμετοχή και των δύο φύλων, έχουν δύο κοινά χαρακτηριστικά: είναι απόλυτα αθώα και τα λατρεύουν με πάθος οι μουρντάρηδες.

Χρέος *ουσ.* Ένα έξυπνο υποκατάστατο για την αλυσίδα και το μαστίγιο του επιστάτη σκλάβων.

Χρήμα *ουσ.* Αγαθό, που δεν μας προσφέρει κάτι της προκοπής, παρά μόνο όταν το αποχωριζόμαστε. Αποτελεί σημάδι πολιτισμού και διαβατήριο για τον «καλό κόσμο». Μια περιουσία που απλά την ανεχόμαστε.

Χριστιανός *ουσ.* Αυτός που πιστεύει πως η Καινή Διαθήκη είναι ένα θεόπνευστο βιβλίο, αξιοθαύμαστα κατάλληλο για τις πνευματικές ανάγκες του γείτονά του. Αυτός που ακολουθεί τη διδασκαλία του Χριστού, στο βαθμό που δεν συγκρούεται με την αμαρτία.

Χρίω *ρ. μτβ.* Λαδώνω ένα βασιλιά ή σημαντικό κρατικό λειτουργό, ο οποίος είναι ήδη αρκετά γλιστερός.

Ψεματάκι *ουσ.* Ένα ψέμα που δεν έχει βγάλει ακόμη δόντια. Η πλησιέστερη προς την αλήθεια κουβέντα ενός σεσημασμένου ψεύτη: το περίγειο[93] της εκκεντρικής τροχιάς του.

Ψευδαίσθηση *ουσ.* Η μητέρα μιας εξαιρετικά αξιοσέβαστης οικογένειας, που έχει Ενθουσιασμό, Αγάπη, Αυταπάρνηση, Πίστη, Ελπίδα, Ευλογία, και πολλούς άλλους καλούς γιους και κόρες.

Ψεύτης *ουσ.* Ένα δικηγόρος με νομαδικές υποθέσεις.

Ψήφος *ουσ.* Το όργανο και σύμβολο της δύναμης ενός ελεύθερου ανθρώπου, να κάνει καραγκιόζη τον εαυτό του και ναυάγιο τη χώρα του.

Ψήφος (Το δικαίωμα της -) *ουσ.* Η έκφραση της γνώμης με ψηφοδέλτιο. Το δικαίωμα της ψήφου (που είναι και προνόμιο και υποχρέωση) σημαίνει – κατά την επικρατέστερη ερμηνεία – το δικαίωμα να εκλέγεις αυτόν που διάλεξε κάποιος άλλος και πληρώνεται ακριβά.

Ψηφοφόρος *ουσ.* Αυτός που διατηρεί το ιερό προνόμιο να ψηφίζει αυτόν που διάλεξε κάποιος άλλος.

Ψυχαγωγία *ουσ.* Κάθε είδος διασκέδασης που διακόπτεται από ξαφνικό θάνατο, σε ενέσιμη μορφή.

Ψυχή *ουσ.* Πνευματική οντότητα η οποία έγινε αντικείμενο μεγάλης και σοβαρότατης διαμάχης. Ο Πλάτωνας [427-347 π.Χ.] ισχυρίστηκε πως αυτές οι ψυχές - που σε κάποιο αρχικό στάδιο της ύπαρξης [πριν από την Αθήνα] είχαν το προνόμιο ν' αντικρίσουν κατάματα την αιώνια αλήθεια - μπήκαν στα σώματα των φιλοσόφων. Ο Πλάτωνας ήταν κι αυτός φιλόσοφος. Οι ψυχές που αντίκρισαν λιγότερο την ιερή αλήθεια, μπήκαν στα σώματα των σφετεριστών και των τυράννων. Ο Διονύσιος ο Πρεσβύτερος [430-367 π.Χ.], που απείλησε με αποκεφαλισμό τον ευρυμέτωπο φιλόσοφο, ήταν σφετεριστής και τύραννος[94]. Αναμφίβολα, ο Πλάτωνας δεν ήταν ο πρώτος που δημιούργησε ένα φιλοσοφικό σύστημα, το οποίο μπορούσε να χρησιμοποιηθεί κατά των εχθρών του_ ούτε και ο τελευταίος.

Παλικαριά: *Στρατιωτικού χαρακτήρα σύνθεση ματαιοδοξίας, καθήκοντος και ρέντας.*

Παλιός: *Αυτός του οποίου η χρησιμότητα δεν μπορούμε να πούμε πως έχει εκλείψει εντελώς.*

Ωκεανός *ουσ.* Μάζα νερού, που καταλαμβάνει περίπου τα δύο τρίτα ενός κόσμου φτιαγμένου στα μέτρα του ανθρώπου, ο οποίος – σημειωτέον – δεν έχει βράγχια.

ΣΗΜΕΙΩΣΕΙΣ ΤΗΣ ΕΛΛΗΝΙΚΗΣ ΕΚΔΟΣΗΣ

[1] Το *Αλφαβητάρι του Διαβόλου* άρχισε να δημοσιεύεται – από το γράμμα «Ρ» - το 1881, στην εβδομαδιαία εφημερίδα «*Σφήκα του Σαν Φρανσίσκο*» [San Francisco Wasp] και συνεχίστηκε με άτακτους ρυθμούς και μεγάλες διακοπές μέχρι το 1906, οπότε και εκδόθηκε για πρώτη φορά σε βιβλίο με τον τίτλο *Το Λεξικό ενός Κυνικού* [The Cynic's Word Book, Doubleday, New York, 1906]. Το βιβλίο εκείνο, του οποίου τον τίτλο «ο συγγραφέας δεν είχε τη δύναμη να απορρίψει, ούτε την ευτυχία να εγκρίνει» όπως έλεγε ο ίδιος ο Μπηρς, ήταν μια επιλογή από τα πιο «ανώδυνα» λήμματα. Ο εκδότης απέφυγε να αναγράψει τη λέξη «διάβολος» στο εξώφυλλο. Προτίμησε ν' ακολουθήσει τον τίτλο, που είχε επιβάλει στο συγγραφέα - από θρησκευτική μετριοπάθεια - η εφημερίδα στην οποία δημοσιεύτηκαν τα τελευταία λήμματα. Παρόλα αυτά, ο Μπηρς είχε δώσει κατά καιρούς διάφορες ονομασίες στο *Αλφαβητάρι*, όπως: «Κωμικό Λεξικό» [Comic Dictionary], «Το Πλήρες Λεξικό του Ηλιθίου» [Idiot's Unabridged Dictionary], «Βελτιωμένη Έκδοση του Λεξικού Γουέμπστερ» [Webster's Improved Dictionary]. Αμέσως μετά την έκδοση του *Λεξικού ενός Κυνικού*, άρχισαν οι απομιμήσεις. Η Αμερική γέμισε με βιβλία «κυνικών» συγγραφέων. «Τα περισσότερα από αυτά ήταν βλακώδη» σημειώνει ο Μπηρς, «αν και ορισμένα κατάφεραν να ξεχωρίσουν με τη γελοιότητά τους».

Τα λήμματα της ανά χείρας έκδοσης, επελέγησαν από τον 7ο τόμο της συγκεντρωτικής έκδοσης *Τα Έργα του Αμπρόουζ Μπηρς* [The Collected Works of Ambrose Bierce / 12 Vol., Neale, New York, 1909-12].

[2] Πρόκειται για τη βασική μορφή της *Αγίας Γραφής* στην αγγλική γλώσσα.

[3] Blank-verse: ο ιαμβικός πεντάμετρος στίχος, ο αγαπημένος της αγγλικής ποιητικής παράδοσης, αποτελείται από πέντε ιαμβικούς πόδες, δηλαδή πέντε ζευγάρια συλλαβών, εκ των οποίων η πρώτη είναι βραχεία και η δεύτερη μακρά.

[4] Οι ιγνυακοί τένοντες βρίσκονται πίσω ακριβώς από τα γόνατα, στην εσωτερική πλευρά των κλειδώσεων.

[5] Μια από τις σημαντικότερες μάχες του Πολέμου Διαδοχής της Ισπανίας [1701-1714] ανάμεσα στη συμμαχία Ισπανίας-Γαλλίας και στον Αγγλοαυστριακό συνασπισμό.

[6] Οι επτά Αμπντάλ είναι ιερά τέρατα της αρχαίας Σουμερίας, άντρες από τον αφαλό και πάνω, ψάρια από κει και κάτω. Κάθονται στα ρηχά των ποταμών και διδάσκουν τέχνη, επιστήμη και φιλοσοφία στους φιλομαθείς ανθρώπους. Πατέρας των Αμπντάλ είναι ο δαίμονας Αψού, η ψυχή όλων των γλυφών νερών που βρίσκονται πάνω και κάτω από τη γη. Τους γέννησε για να μεγαλώσουν τον θεό Ενκί, τον αφέντη όλων των νερών, και να τον κάνουν έξυπνο και δημιουργικό. Πραγματικά, οι σοφοί Αμπντάλ του αποκάλυψαν τα μυστήρια της ζωής και του θανάτου. Του δίδαξαν πώς να γιατρεύει τους αρρώστους και πώς να ξαναδίνει ζωή στους νεκρούς. Δεν υπάρχει στον κόσμο μεγαλύτερη πηγή σοφίας απ' τους επτά Αμπντάλ.

[7] ΄Ισως να εννοεί τον ασήμαντο Αμερικανό λυρικό ποιητή, εκδότη και καρεκλοκένταυρο των πολιτιστικών θεσμών Ρίτσαρντ Ουότσον Γκίλμπερτ [Richard Watson Gilder,1844-1909].

[8] Ο βασιλιάς της Κρήτης Μίνωας, ο αδελφός του Ραδάμανθυς και ο βασιλιάς της Αίγινας Αιακός, μετά το θάνατό τους έγιναν κριτές των ψυχών στον Άδη.

[9] Δουβλόνι: νόμισμα της Ισπανίας την εποχή της κατάκτησης της Αμερικής.

[10] Η λέξη Yankee, με την οποία οι ξένοι - αλλά και οι Αμερικανοί του Νότου - προσφωνούν τους χαρακτηριστικούς Αμερικανούς, κατά πάσα πιθανότητα είναι παραφθορά της ολλανδικής λέξης «Janke» που σημαίνει «Γιαννάκης». Για τους

Αμερικανούς του Νότου, αυτή η λέξη που την χρησιμοποιούσαν υποτιμητικά, έγινε κάποτε εφιάλτης, δεδομένου ότι οι Βόρειοι νίκησαν στον εμφύλιο και ταπείνωσαν τους Νοτίους.

[11] Γιουνιβερσαλιστής θα μπορούσε να ονομαστεί ο Χριστιανός που αποδέχεται το δόγμα της σωτηρίας όλων ανεξαιρέτως των ψυχών. Το δόγμα αυτό δημιουργήθηκε από τον Πατέρα της Χριστιανικής Εκκλησίας Ωριγένη [185-254 μ.Χ.].

[12] Όπως στον Αλί Μπαμπά και τους Σαράντα Κλέφτες παραδείγματος χάρην, που τη σπηλιά την φυλάνε δυο τερατώδεις σαύρες.

[13] Ο γιατρός και φιλόσοφος Παράκελσος [Theophrastus Bombastus von Hohenheim, 1493-1541], συνέδεσε τα δαιμόνια των ευρωπαϊκών λαϊκών παραδόσεων με τα τέσσερα φυσικά στοιχεία (Γη, Νερό, Αέρας, Φωτιά), στα οποία βασιζόταν ο αλχημιστικός στοχασμός. Έτσι, χώρισε τέσσερεις κατηγορίες δαιμονίων ή στοιχειών: τους Γνόμους της Γης, τις Συλφίδες του Αέρα, τις Νεράιδες του Νερού και τις Σαλαμάνδρες της Φωτιάς. Οι περίφημοι νάνοι της Χιονάτης είναι Γνόμοι, ενώ μερικές από τις δικές μας Νεράϊδες, είναι Συλφίδες, όπως και τα Ελφ των Άγγλων.

[14] Σιλεσία: ιστορική περιοχή της Ευρώπης που σήμερα ανήκει κατά το μεγαλύτερο μέρος στην Πολωνία.

[15] Ο Κάνερτζι υπήρξε ένας από τους πλουσιότερους ανθρώπους του κόσμου. Ξεκίνησε πάμπτωχος από τη Σκοτία, για να γίνει μεγιστάνας του πλούτου στις Η.Π.Α.

[16] Ο Poet Laureate είναι ακόμη και σήμερα θεσμός στην Αγγλία. Μερικοί από τους πιο ασήμαντους, αλλά διάσημους Άγγλους ποιητές απόλαυσαν τα προνόμια του τίτλου.

[17] Ο μεσαιωνικός χορός του θανάτου ήταν χορευτική παράσταση, στην οποία οι χορευτές μιμούνταν τους ανθρώπινους σκελετούς. Το θέαμα είχε και εξορκιστικό χαρακτήρα, καθώς η Ευρώπη μαστιζόταν συχνά από επιδημίες που αποδεκάτιζαν τις πόλεις και την ύπαιθρο.

[18] Robert Green Ingersoll [1833 - 1899]: Αμερικανός πολιτικός και ρήτορας, γνωστός για την επιθετικότητά του κατά του αθεϊσμού.

[19] Στην Αγγλία και στις Η.Π.Α. μπορούν να διενεργηθούν δύο ειδών δημοψηφίσματα: αυτό του οποίου το αποτέλεσμα είναι υποχρεωμένη να εκτελέσει η κυβέρνηση [βλέπε λήμμα Δημοψήφισμα] και αυτό του οποίου το αποτέλεσμα έχει μόνο συμβουλευτικό χαρακτήρα για την απόφαση που θα πάρει τελικά το κοινοβούλιο [Διερευνητικό Δημοψήφισμα]. Το δεύτερο είδος δημοψηφίσματος συνήθως αφορά σε νομοσχέδια, που δημιουργούν έντονες αντιπαραθέσεις ανάμεσα στα κόμματα του κοινοβουλίου.

[20] Αφελή, υπεραισιόδοξα μυθιστορήματα με καουμπόηδες, ινδιάνους, βουβάλια, λιβάδια κλπ.

[21] Στη σύγχρονη φυσική, ιόντα είναι οι ιονισμένοι ατομικοί πυρήνες, αλλά την εποχή που έγραφε ο Μπηρς ιόντα ονόμαζαν τα ηλεκτρικά φορτισμένα σωματίδια που περιστρέφονταν γύρω στον πυρήνα. Αργότερα, τα σωματίδια αυτά πήραν τα ονόματα που διατηρούν μέχρι σήμερα.

[22] Οι ανατολικές θρησκείες ισχυρίζονταν πάντα την ύπαρξη ενός ζωτικού ρευστού στον ανθρώπινο οργανισμό, το οποίο επηρεαζόταν από την πνευματική σύσταση του σύμπαντος. Βέβαια ο ανθρώπινος οργανισμό διαθέτει ζωτικά υγρά, τα οποία όμως είναι οργανικές συνθέσεις και όχι μεταφυσικές οντότητες.

Στα τέλη του 19ου αιώνα ήταν διαδεδομένη η θεωρία σύμφωνα με την οποία το φως ταξίδευε από πλανήτη σε πλανήτη, μέσω του υποτιθέμενου «Φωταγωγού Αιθέρα» [luminiferous ether], ενός αερίου σώματος που γέμιζε το σύμπαν απ' άκρη σ' άκρη. Η θεωρία αυτή μετέφερε το μοντέλο μετάδοσης του ήχου στο φαινόμενο της μετάδοσης του φωτός.

[23] Το πιθανότερο είναι οι δύο αυτές φράσεις να αποτελούν δημοσιογραφικά «μαργαριτάρια» της εποχής του Μπηρς, των οποίων τα συμφραζόμενα είναι εντελώς άγνωστα στο μεταφραστή.

[24] Στη διάρκεια του Μεσαίωνα, οι στρατιώτες είχαν πάνω τους ένα στιλέτο, το οποίο χρησιμοποιούσαν για να διευκολύνουν το βέβαιο θάνατο των σιδερόφρακτων ιπποτών που έπεφταν από τα άλογά τους. Το παρατσούκλι του στιλέτου αυτού ήταν Misericorde, δηλαδή «Ελεήμων».

[25] Φαλαγκιστής: δενδρόβιο μαρσιποφόρο της Αυστραλίας, της Νέας Γουινέας και την Ταζμανίας. Μπορεί να πετά, υπό την έννοια πως γλιστρά στον αέρα και προσγειώνεται μαλακά στο έδαφος, όταν πέφτει από τα ψηλά δέντρα.

[26] Ελληνικά στο πρωτότυπο.

[27] Ο σταυρός στον οποίο μαρτύρησε, γύρω στο 60 μ.Χ. ο Άγιος Ανδρέας ο Απόστολος, ήταν χιαστός. Από το 14ο αιώνα, εποχή που πρωτοεμφανίστηκε η σχετική πληροφορία, ο χιαστός σταυρός ονομάζεται σταυρός του Αγ. Ανδρέα.

[28] Πιθανώς αναφέρεται στην Αν Μάρμπουρι Χάτσινσον [Anne Marbury Hutchinson, 1591-1643], αυτή την εντυπωσιακά σημαντική γυναίκα, που αγωνίστηκε στο νέο κόσμο, για την ανεξιθρησκία και την αυτονομία των κοινοτήτων και φυσικά διώχθηκε αρκετές φορές.

[29] Ο Ζανί υπήρξε ένας από τους κλασικούς χαρακτήρες της ιταλικής Κομέντια Ντελ Άρτε [Commedia Dell' Arte]. Υποδυόταν τον υπηρέτη, που έτρεχε συνεχώς πίσω από το αφεντικό του, μιμούμενος τις κινήσεις και τα λόγια του, τα οποία ήταν ήδη αρκετά κωμικά.

[30] Ο μεταφραστής δεν μπόρεσε να εντοπίσει έργο του Μπυφόν με αυτόν τον τίτλο. Εκτός αν πρόκειται για τμήμα της 44τομης Φυσικής Ιστορίας [Historie Naturelle], που ο Γάλλος επιστήμονας εξέδωσε από το 1749 μέχρι το 1788.

[31] Λάγνος αρσενικός δαίμονας που κάνει έρωτα με τις γυναίκες την ώρα που κοιμούνται, προκαλώντας τους ισχυρούς οργασμούς και συχνά τις καθιστά έγκυες, με αποτέλεσμα τη γέννηση δαιμόνων, μαγισσών και τεράτων. Σύμφωνα με την παράδοση, ο Ινκούμπους [Incubus] και το θηλυκό του αντίστοιχο, η Σουκούμπους [Sucubus] υπήρξαν άγγελοι, οι οποίοι έχασαν τη θέση τους δίπλα στο Θεό.

[32] Τόσο ο Ιππόγρυπος όσο και ο Γρύπος δεν είναι επινοήσεις του Μπηρς, αλλά μυθολογικά τέρατα. Οι Γρύποι μας παραδίδονται σαν τεράστιοι αετοί με σώμα λιονταριού ή σαν τεράστια λιοντάρια με κεφάλι και πόδια αετού. Τα νύχια των ποδιών τους είναι μεγάλα σαν κέρατα βοδιού. Έχουν τεράστια δύναμη. Μπορούν να σηκώσουν ακόμη και ελέφαντα στη ράχη τους. Ο Ιππόγρυπος είναι καρπός του έρωτα ενός αρσενικού Γρύπου και μιας φοράδας. Πρόκειται για φτερωτό άλογο με κεφάλι αετού. Αετίσια είναι και τα μπροστινά του πόδια. Επειδή σύμφωνα με την μεσαιωνική παράδοση οι Γρύποι και τα άλογα ήταν θανάσιμοι εχθροί, ο Ιππόγρυπος συμβολίζει το εντελώς αδύνατο.

[33] Αετός: το παρατσούκλι του χρυσού αμερικανικού δεκαδόλαρου.

[34] Η νηκτική κύστη είναι ανατομικό χαρακτηριστικό ορισμένων ψαριών. Πρόκειται για προέκταση του οισοφάγου που γεμίζει με αέρα και παίζει μεγάλο ρόλο στην υδροστατική ισορροπία.

[35] Ο κύφων ήταν μια ξύλινη συσκευή – σαν καρυοθραύστης ας πούμε – η οποία όταν έκλεινε, δέσμευε το λαιμό και τα χέρια του βασανιζόμενου.

[36] Βιβλικό πρόσωπο. Ο Βαλαάμ πίστεψε στη δύναμη του Θεού, όταν ο γάιδαρός του άρχισε να μιλά.

[37] Ο Άγγλος οικονομολόγος Τόμας Μάλθους [Thomas Malthus, 1766-1834] επισήμανε τον κίνδυνο του υπερπληθυσμού για την επιβίωση του ανθρώπου και πρότεινε τον εθελούσιο περιορισμό των γεννήσεων.

[38] Ο Μαμμωνάς θεωρείται θεός του πλούτου, της δίψας για πλούτο. Δεν υπήρξε ποτέ καμιά τέτοια αρχαία θεότητα. Στην *Καινή Διαθήκη*, ο Ματθαίος και ο Λουκάς χρησιμοποιούν αυτό το άγνωστης προέλευσης όνομα, για να χαρακτηρίσουν τον πλούτο. Έτσι θεωρήθηκε πως αντιστοιχεί σε κάποιον θεό ή δαίμονα και καθιερώθηκε.

[39] Τα Μάστανγκ είναι μικρόσωμα σκληραγωγημένα και ατίθασα αμερικανικά άλογα, που προέρχονται από ισπανική ράτσα.

[40] Μετά την αμερικανική επανάσταση, ιδρύθηκαν πολλοί εθνικοί σύνδεσμοι, με σκοπό την προώθηση πολύ διαφορετικών πολιτικών και οικονομικών συμφερόντων. Ένας από τους σημαντικότερους ήταν η Tammany Society της Νέας Υόρκης. Τα μέλη της χωρίζονταν σε ομάδες με αρχηγούς, οι οποίοι έφεραν τίτλους δανεισμένους από τους μήνες του ινδιάνικου ημερολογίου. Ένας τέτοιος τίτλος ήταν ο Μέγας Ινκοχόνι [Incohonee].

[41] Βερζέκεροι: άγριοι και δυνατοί Σκανδιναβοί πολεμιστές, διψασμένοι για αίμα και καταστροφή.

[42] Ο Αυστριακός γιατρός Άντον Μέσμερ [Franz Anton Mesmer, 1734-1815] ισχυριζόταν πως το νευρικό μας σύστημα διαθέτει μαγνητικό φορτίο, όπως ο πλανήτης μας, και το ονόμασε «Ζωικό Μαγνητισμό». Χρησιμοποίησε τον υπνωτισμό σαν θεραπευτική μέθοδο. Ο υπνωτισμός έγινε μόδα και ο Μεσμερισμός έχασε γρήγορα την πρώτη – επιστημονική ή παραεπιστημονική – αξία του.

[43] Ο Απόστολος Παύλος υπήρξε ένθερμος Φαρισαίος, πριν γίνει Απόστολος της διδασκαλίας του Χριστού.

[44] Ο Ερνστ Χάκελ [Ernst Haeckel, 1834-1919] ήταν υλιστής φιλόσοφος και εξελικτικός βιολόγος. Ο Μπηρς σαρκάζει την ασάφεια και ασυνέπεια των επιστημονικών θεωριών της εποχής του.

[45] Μιλάει συγκεκριμένα για το ρεαλιστικό μυθιστόρημα.

[46] Το πανόραμα είναι ένας πολύ μεγάλος πίνακας που αναπτύσσεται στον τοίχο μιας κυκλικής αίθουσας και δίνει στο θεατή την αίσθηση πως βρίσκεται μέσα του. Το είδος είχε μεγάλη πέραση στα τέλη του 18ου και τις αρχές του 19ου αιώνα.

[47] Με τη λέξη «μυθιστορία» ο μεταφραστής εννοεί τη

φανταστική περιπετειώδη ή ερωτική αφήγηση.

[48] Πρόκειται για απόσπασμα από το περίφημο ποίημα «Ο Ταξιδιώτης ή Μια Προοπτική της Κοινωνίας [The Traveler: Or, A Prospect of Society, 1764] του Άγγλου ριζοσπάστη συγγραφέα Όλιβερ Γκόλντσμιθ [Goldsmith, Oliver, 1730-1774]. Ολόκληρη η στροφή, στην οποία ανήκει το απόσπασμα που αναφέρει ο Μπηρς, λέει:

«Όπου κι αν πήγα, όσα βασίλεια κι αν είδα,
σαν αταξίδευτη πάντα η καρδιά μου μένει
κι όλο γυρίζει τρυφερά κοντά σου, πονεμένη_
πάντα κοντά σου, αδελφέ, και πάντα σέρνει
σε κάθε βήμα της μι' ατέλειωτη αλυσίδα».

[49] Σύμφωνα με τη ρωμαϊκή μυθολογία, ο Σατούρνος [Satunrnus], που ταυτιζόταν με τον Κρόνο των Ελλήνων, όταν εξορίστηκε από τον Όλυμπο, με πρωτοβουλία του Δία, πήγε στο Λάτιο και ίδρυσε ένα βασίλειο χαράς και ευημερίας. Η περίοδος της βασιλείας του είναι η μυθική Χρυσή Εποχή, λέει ο Ησίοδος.

[50] Σκωπτική παραφθορά της Βαλτιμόρης, η οποία στα αγγλικά είναι Baltimore. Ο Μπηρς αντικαθιστά την κατάληξη more [συγκριτικός βαθμός του επιθέτου much, που σημαίνει «πολύ»] με τον υπερθετικό βαθμό most. Η κατάληξη more απλά συνηχεί και γράφεται όμοια με το επίθετο. Το όνομα της αμερικανικής πόλης προέρχεται από τον τίτλο του πρώτου Άγγλου διοικητή της Caecilius Calvert, 2nd Baron Baltimore [1605-1675]. Στη διάρκεια του 18ου αιώνα, η Βαλτιμόρη υπήρξε σημαντικότατο λιμάνι και βιομηχανικό κέντρο της Βόρειας Αμερικής. Τόσο στον Αγγλοαμερικανικό πόλεμο του 1818, όσο και στον Αμερικανικό Εμφύλιο, έγινε κέντρο αιματηρών συγκρούσεων.

[51] Ο στίχος ανήκει στην ωδή του Γουέρτζγουερθ «Νύξεις Αθανασίας από τις Αναμνήσεις των Πρώτων Παιδικών Χρόνων [Intimations of Immortality from Recollections of Early Childhood, 1807].

[52] Το Νοούμενον είναι μια από τις σημαντικότερες έννοιες της φιλοσοφίας του Καντ [Immanuel Kant, 1724-1804]. Πρόκειται για το πράγμα, το κάθε αντικείμενο, όπως είναι στην πραγματικότητα, από μόνο του και όχι όπως το βλέπουμε να είναι. Εμείς βλέπουμε μόνο φαινόμενα. Πίσω από αυτά υποτίθεται πως υπάρχουν τα υλικά αντικείμενα που ερεθίζουν τις αισθήσεις μας και επειδή μόνο με συστηματική λογική σκέψη [νόηση] μπορούμε να υποθέσουμε πώς είναι στην πραγματικότητα αυτά τα αντικείμενα, γι' αυτό τα ονόμασε νοούμενα. Ο σαρκασμός του Μπηρς δεν είναι χωρίς νόημα. Η διάκριση ανάμεσα σε Νοούμενα και φαινόμενα είναι μια πολύ παρακινδυνευμένη φιλοσοφική ενέργεια.

[53] Προφανώς εννοεί τον Άγγλο φιλόσοφο και κριτικό της λογοτεχνίας Τζωρτζ Χένρυ Λιούις [George Henry Lewes, 1817-1878].

[54] Τον όρο Αλλοπαθητική εισήγαγε ο Γερμανός γιατρός Σάμουελ Χάνεμαν [Samuel Hahnemann, 1755-1843], συνδυάζοντας τους ελληνικές λέξεις «άλλος» και «πάθος», για να χαρακτηρίσει τις σκληρές ιατρικές μεθόδους της εποχής του, που περιλάμβαναν την αφαίμαξη, την πρόκληση εμετού και την παροχή ιδιαίτερα τοξικών ουσιών. Οι πρακτικές αυτές είχαν αρχαία ελληνική θεωρητική βάση και ερμήνευαν τις ασθένειες σαν διαταραχή των τεσσάρων χυμών του ανθρωπίνου σώματος [αίμα. φλέγμα, μαύρη και κίτρινη χολή], των τεσσάρων καταστάσεων του σώματος [θερμή, ψυχρή, υγρή και ξηρή] και των τεσσάρων φυσικών στοιχείων [γη, αέρας, φωτιά και νερό].

[55] Η κατάληξη «ox» της αγγλικής λέξης «Orthodox» είναι ηχητική. Δηλαδή δεν έχει ξεχωριστή σημασία, δεδομένου ότι η λέξη είναι μεταγραφή της ελληνικής «Ορθόδοξος» [Ορθός –Δόξα]. Η ηχητική της ομοιότητα με τη λέξη «ox» [βόδι] δημιούργησε ένα λαϊκό αστείο, το οποίο σαρκάζει ο Μπηρς.

[56] Οι Ουασινγκτόνιοι [Washingtonians] υπήρξαν μια από τις πρώτες ελευθεριακές κοινότητες αποίκων στην ιστορία των Η.Π.Α. Κατοικούσαν κοντά στον ποταμό Ποτομάκ, στη σημερινή περιοχή της Ουάσιγκτον.

[57] Οι περσικές λαϊκές παραδόσεις περιγράφουν το Σιμούργκ [Simurgh] σαν ένα τεράστιο παγώνι με κεφάλι σκύλου και δόντια λιονταριού. Είναι αθάνατο, γι' αυτό είδε πολλές φορές τον κόσμο να καταστρέφεται και να ξαναγεννιέται. Αυτή η εμπειρία το έκανε πάνσοφο και παντοδύναμο. Η παράδοση δεν αναφέρει ποιος είναι ακριβώς ο σκοπός της ύπαρξης αυτού του τέρατος. Φαίνεται πως απλά παρατηρεί τι γίνεται στον κόσμο.

[58] Το 1863, στη διάρκεια του Αμερικανικού Εμφυλίου, ο Βοράς και ο Νότος είχαν την ατυχία να συγκρουστούν στην περιοχή Τσικαμάγκουα [Chickamauga]. Η ιδιομορφία του τοπίου, ανάγκασε τους δυο στρατούς να συγκρουστούν σε συνθήκες πρωτόγονου πολέμου σώμα με σώμα. Οι επικεφαλής έχασαν τελείως τον έλεγχο των στρατιωτών και απλά καθένας σκότωνε όποιον έβλεπε μπροστά του ή δίπλα του.

[59] Πανδαιμόνιο ονόμασε ο Άγγλος ποιητής Τζων Μίλτον [John Milton, 1608-1674] στο έργο του Χαμένος Παράδεισος την πρωτεύουσα της φανταστικής επικράτειας του Σατανά.

[60] Βλέπε σημείωση **[22]**

[61] Ο συγγραφέας είναι πραγματικό πρόσωπο. Πρόκειται για τον ιστορικό και πεζογράφο Sabine Baring-Gould [1834-1924]. Πραγματικό – και σημαντικό – είναι και το βιβλίο του Curious Myths of the Middle Ages [1867], αλλά φυσικά δεν περιέχει τους μύθους που αναφέρει ο Μπηρς.

[62] Εννοεί τον Θεόδωρο Ρούσβελτ [Theodore Roosevelt, 1858–1919], 26ο Πρόεδρο των Η.Π.Α. [1901–9] και πρώτο εκφραστή του αμερικανικού επεκτατισμού. Οι επεμβάσεις του στα εσωτερικά άλλων χωρών ήταν ιδιαίτερα σκληρές και αιματηρές. Το παρατσούκλι του ήταν Teddy, δηλαδή Αρκουδάκος.

[63] Εννοεί το δημοκρατικό πολιτικό Τζων Σαρπ Ουΐλιαμς [John Sharp Williams, 1854-1932], ο οποίος υπερασπιζόταν την οικονομική αυτονομία του αμερικανικού Νότου, αφού ο ίδιος διατηρούσε φυτεία στην πολιτεία του Μισισιπή.

[64] Μετά τον πόλεμο Ισπανίας-Αμερικής και την αποικιακή διείσδυση των Η.Π.Α. κυρίως στο Πουέρτο Ρίκο και την Κούβα [1898], οι επιχειρηματικές δυναστίες των Ροκφέλερ και Ντιουκ, αναδιοργάνωσαν το εμπόριο της ζάχαρης και δημιούργησαν ένα τραστ, το οποίο ήλεγχε το 98% του διακινούμενου προϊόντος.

[65] Ενδεχομένως να εννοεί τον Αμερικανό σοσιαλιστή Άλμπερτ Μπρισμπέιν [Albert Brisbane, 1809-1890] ο οποίος ακολουθούσε τις ιδέες του Γάλλου ουτοπικού σοσιαλιστή Σαρλ Φουριέ [Francois Marie Charles Fourier, 1772-1837]. Το 1843 ίδρυσε μια πειραματική αυτοδιαχειριζόμενη κοινότητα στο Νιου Τζέρσεϋ και την ονόμασε Φάλαγγα της Βορείου Αμερικής.

[66] Άγνωστοι είναι οι επτά πρεσβύτεροι της Εφέσου. Βέβαια στην Έφεσο έγινε η 3η Οικουμενική Σύνοδος [431 μ.Χ.] και επτά είναι οι Εκκλησίες κατά τον Ιωάννη, αλλά οι μόνοι γνωστοί επτά είναι οι Επτά Παίδες, που μαρτύρησαν στην Έφεσο τον 6ο μ.Χ. αιώνα και ο τάφος τους βρίσκεται ακόμη εκεί.

[67] Ο Τσαρλς Φαίρμπανκς [Charles Fairbanks, 1852-1918] υπήρξε αντιπρόεδρος των Η.Π.Α. επί προεδρίας Θεόδωρου Ρούσβελτ. Εδώ ο Μπηρς κάνει λογοπαίγνιο, χρησιμοποιώντας το όνομα ενός περίφημου ήρωα του Αμερικανού πεζογράφου Ουάσινγκτον Ίρβινγκ [Washington Irving, 1783-1859]. Ο Ριπ Βαν Ουΐνκλ, στο ομώνυμο διήγημα, κοιμάται πριν την αμερικανική επανάσταση και ξυπνά μετά τη Διακήρυξη της Ανεξαρτησίας.

[68] Στο ποίημα «Ο Βασιλιάς των Ερλ» [Erlkoenig, 1782], ο Γκαίτε αφηγείται με δραματικό τρόπο πως ο βασιλιάς των στοιχειών Ερλ έκλεψε ένα παιδί από τον ανύποπτο πατέρα του. Το παιδί καταλαβαίνει πως το στοιχειό πλησιάζει. Το λέει στον πατέρα του, αλλά εκείνος δεν δίνει σημασία, ώσπου στο τέλος το χάνει. Ως προς τον πλασματικό μύθο «Ο Δήμος και η Βιομηχανία Παιδιών», μπορούμε να υποθέσουμε πως σαρκάζει την πλατωνική θεωρία της ομαδικής ανατροφής των παιδιών με ευθύνη του Δήμου.

[69] Στην αγγλική, η λέξη «saw» σημαίνει και παροιμία και πριόνι.

[70] Οι Πεφωτισμένοι υπήρξαν – και είναι ακόμη – μια από τις ισχυρότερες μυστικές και μυστικιστικές μασονικές στοές, με σημαντική επιρροή στην οικονομία και την πολιτική. Αρκεί να σημειωθεί πως οι δυναμικότεροι Πεφωτισμένοι της Αγγλίας και της Βαυαρίας έπαιξαν σπουδαίο ρόλο στην ίδρυση της πρώτης Κομμουνιστικής Διεθνούς. Σε θεωρητική βάση, πιστεύουν πως επικοινωνούν με το Θεό μέσω των συνειδησιακών διεργασιών τους και όχι μέσω τελετών και θρησκευτικών μυστηρίων, όπως οι άλλοι Χριστιανοί.

[71] Η λατινική έκφραση σημαίνει «Παθητικοί Πεφωτισμένοι» και δηλώνει την εσωτεριστική τάση των Πεφωτισμένων, για τους οποίους η θρησκεία ήταν εσωτερική, συνειδησιακή υπόθεση.

[72] Η φράση ανήκει στο Ρωμαίο αξιωματούχο Flavius Vegetius Renatus, γνωστό μόνο για το βιβλίο *Περί πολέμου Διεξαγωγής [De Re Militari]* που έγραψε γύρω στα 390 μ.Χ. και είναι αφιερωμένο στον αυτοκράτορα Βαλεντινιανό [Flavius Valentinianus, 321-375].

[73] Οι στίχοι ανήκουν στο σπουδαίο ποίημα Κούμπλα Χαν [Kubla Khan] του Κόουλριτζ.

[74] Ο Πρεσβυτεριανισμός είναι διοικητικό σύστημα της Εκκλησίας που ιδρύθηκε από τον Καλβίνο [Johannes Calvinus, 1509-1564]. Σύμφωνα με αυτό, η Εκκλησία διοικείται από τους κληρικούς και τους λαϊκούς, οι οποίοι ονομάζονται πρεσβύτεροι. Το μέτρο στόχευε στην αποδυνάμωση της αυθεντίας και της εξουσίας των εξαρτώμενων από τον Πάπα κληρικών.

[75] Οι Προσκυνητές Πατέρες [Pilgrim Fathers] ήταν μια ομάδα Πουριτανών που αποσχίστηκαν από την Αγγλικανική Εκκλησία, στη διάρκεια του 17ου αιώνα. Ισχυρίζονταν πως το έργο της Μεταρρύθμισης δεν είχε ολοκληρωθεί και αναζητούσαν έναν τόπο για να ζήσουν σύμφωνα με τα διδάγματα των Ευαγγελίων. Αφού δεν μπόρεσαν να πραγματοποιήσουν το θρησκευτικό όνειρό τους στην ηπειρωτική Ευρώπη, μετανάστευσαν στην Αμερική, το 1620.

[76] John Milton [1608-1674]: Κορυφαίος Άγγλος κλασικιστής ποιητής. Ο «Όμηρος» της αγγλικής γλώσσας. Ένα από τα σπουδαιότερα έργα του είναι το μεγάλο επικό ποίημα Ο Χαμένος Παράδεισος [Paradise Lost], στο οποίο περιγράφει και την πτώση των αγγέλων, με ευθύνη του Σατανά. Βέβαια εδώ ο Μπηρς αστειεύεται. Ο Μίλτον δεν λέει πουθενά τίποτε σχετικό με την πυρίτιδα.

[77] Στη Ρωμαιοκαθολική Εκκλησία, το Ρέκβιεμ είναι προσευχή υπέρ αναπαύσεως των ψυχών. Η μουσική σύνθεση με το ίδιο όνομα βασίζεται στη δομή της θρησκευτικής λειτουργίας.

[78] Από τα αρχαία χρόνια, κυκλοφορούσε η άποψη πως η Σαλαμάνδρα είχε την ικανότητα να αντέχει τη φωτιά. Στη διάρκεια του Μεσαίωνα, η άποψη αυτή ξεπέρασε κάθε όριο φαντασίας, προσθέτοντας στη μικρή σαύρα φτερά και βάζοντάς την να γεννιέται και να κατοικεί στις φλόγες.

[79] Ο Μπηρς προφανώς αναφέρεται ειρωνικά στον πολυγραφότατο συγγραφέα και ποιητή Ιωσήφ Μπέλοκ [Joseph Hilaire Pierre Belloc, 1870-1953], ο οποίος έγραψε πολλά κείμενα υπεράσπισης του Καθολικισμού. Η Καρκασόν [Carcassonne] είναι εντυπωσιακή πόλη-κάστρο της Νότιας Γαλλίας και υπήρξε μεγάλο κέντρο της αίρεσης των Καθαριστών. Οι Καθαριστές ή Αλβιγηνοί εμφανίστηκαν τον 11ο αιώνα στη Νότια Γαλλία και γνώρισαν μεγάλη ακμή στη διάρκεια του 12ου αιώνα, με κέντρο την πόλη Αλβί. Κήρυτταν την επιστροφή στην αγνότητα των πρώτων Χριστιανών και ταύτιζαν το κακό με την ύλη. Αρχικά, η Καθολική Εκκλησία περιορίστηκε στην καταδίκη της αίρεσης. Αργότερα όμως επιδόθηκε σε σταυροφορία [1209-1244], με αποτέλεσμα την πλήρη αποδιοργάνωση και σταδιακή εξαφάνιση των Καθαριστών.

[80] Ο Λουκιανός ήταν ο πρώτος συγγραφέας που περιέγραψε τους Σεληνίτες – τους επινόησε δηλαδή – στα φανταστικά αφηγήματά του, τα οποία ήταν και το πρώτα κείμενα επιστημονικής φαντασίας. Ο Λοκ που αναφέρεται εδώ δεν είναι ο

Άγγλος φιλόσοφος, αλλά ο Άγγλος δημοσιογράφος Ρίτσαρντ Άνταμς Λοκ [Richard Adams Locke,1800-1871], ο οποίος συντάραξε τους Αμερικανούς στη δεκαετία του 1830, δημοσιεύοντας στην εφημερίδα New York Sun άρθρα που υποτίθεται πως είχε γράψει ο ανύπαρκτος αστρονόμος Σερ Τζον Χέρσελ. Στα άρθρα αυτά ισχυριζόταν πως στη σελήνη είχαν παρατηρηθεί με κάποιο είδος «πρωτοποριακού» τηλεσκοπίου, ζώα, φυτά, λίμνες, ποτάμια και ανθρωπόμορφοι κάτοικοι.

[81] Ο Σάιμον Νιούκομπ [Simon Newcomb, 1835–1909] υπήρξε διάσημος Αμερικανός αστρονόμος και μαθηματικός. Ο Μπραγγέλος, που εμφανίζεται λίγο πιο πάνω, είναι ανύπαρκτο πρόσωπο.

[82] Με Ινδιάνους δηλαδή. Ο Μπηρς σαρκάζει τη ρατσιστική αντιμετώπιση των Ινδιάνων από τους μορφωμένους Αμερικανούς.

[83] Ο Άρσένιος ο Ασκητής, υπήρξε πλούσιος Ρωμαίος. Απαρνήθηκε τον κόσμο και ασκήτεψε με σκληρό τρόπο. Θεωρούσε το φαγητό και τον ύπνο πολυτέλειες.

[84] Στον εμφύλιο πόλεμο που ξέσπασε το 1642 στην Αγγλία, συγκρούστηκαν οι υποστηρικτές του κοινοβουλευτισμού, με τους οπαδούς του βασιλιά Καρόλου του Πρώτου [1600-1649]. Οι οπαδοί του κοινοβουλευτισμού, οι Στρογγυλοκέφαλοι [Roundheads], ήταν Πουριτανοί και έκοβαν κοντά τα μαλλιά τους. Οι οπαδοί της βασιλείας, οι Καβαλιέροι [Cavaliers] ήταν αριστοκράτες και άφηναν τα μαλλιά τους μακριά. Ο πόλεμος τέλειωσε το 1848 με νίκη των Στρογγυλοκέφαλων, υπό την αρχηγία του Όλιβερ Κρόμγουελ [Oliver Cromwell, 1599-1658].

[85] Βλέπε σημείωση **[13]**.

[86] Η Καμπαλά υπήρξε η μεγαλύτερη φιλοσοφική τάση των Ισραηλιτών, μετά τον Ταλμουδισμό, την παραδοσιακή ερμηνεία των ισραηλιτικών ιερών κειμένων. Οι καμπαλιστές σοφοί, αντιλαμβάνονταν τον κόσμο σαν ένα κείμενο διαρθρωμένο από το Θεό με συνδυασμό των γραμμάτων ενός πρωταρχικού αλφαβήτου. Μελετούσαν τις σχέσεις μεταξύ των όντων, συσχετίζοντας τις αριθμητικές αξίες των ονομάτων τους.

[87] Η πεντάλφα υπήρξε ένα από τα σημαντικότερα σύμβολα της αστρολογικής μαγείας. Στην ουσία συμβολίζει τη δομή του σύμπαντος. Με τα χρόνια έγινε σύμβολο της μαγείας αυτής καθ' εαυτής.

[88] Ο μεγάλος εκπαιδευτικός και συγγραφέας διδακτικών βιβλίων Νώε Ουέμπστερ [Noah Webster, 1758-1828], «πατριάρχης» της αμερικανικής εκπαίδευσης.

[89] Ο Ουνιταριανισμός [Unitarianism] είναι το θρησκευτικό δόγμα που επιτρέπει τη χρήση του ορθού λόγου στη θρησκεία. Απορρίπτει τη θεϊκή φύση του Χριστού και το δόγμα της αγίας τριάδος. Στο Θεό αναγνωρίζει μόνο μία υπόσταση. Το δόγμα έχει μεγάλη απήχηση στις Η.Π.Α.

[90] Φιλισταίους έλεγαν οι καλλιεργημένοι Ευρωπαίοι και Αμερικανοί, κυρίως οι φοιτητές των πανεπιστημίων, τους αστούς που δεν ενδιαφέρονταν για τις τέχνες και τα γράμματα αλλά μόνο για τις υλικές απολαύσεις και ιδιαίτερα για το χρήμα. Οι Φιλισταίοι ήταν πολεμικός λαός, εγκατεστημένος στην Παλαιστίνη πριν από τους Ισραηλίτες. Η Βίβλος τους περιγράφει σαν φιλοπόλεμους ειδωλολάτρες. Είναι αυτοί που παγίδευσαν τον Σαμψών [Κριταί]. Είχαν μακριές κοτσίδες και το ξύρισμα του κεφαλιού τους ισοδυναμούσε με θάνατο, όπως άλλωστε υπαινίσσεται και ο μύθος του Σαμψών.

[91] Απάτσι, Τσεγιέν. Φυλές Ινδιάνων της Βόρειας Αμερικής.

[92] Habeas Corpus: Θεσμική κατοχύρωση της ελευθερίας του πολίτη, που έγινε το 1679 στην Αγγλία και έθεσε φραγμό στην αυθαίρετη σύλληψη και κράτηση. Η λατινική φράση σημαίνει «Έχει Σώμα».

[93] Περίγειο: το κοντινότερο προς τη γη σημείο της τροχιάς ουρανίου σώματος.

[94] Ο Διονύσιος ο Πρεσβύτερος, τύραννος των Συρακουσών, κάλεσε τον Πλάτωνα στην πόλη του, του ανέθεσε δημόσιο αξίωμα και την μόρφωση του γιου του. Ανάμεσα στον Διονύσιο και το φιλόσοφο δημιουργήθηκε ένταση, λόγω σκευωρίας, η οποία είχε οργανωθεί από ανθρώπους της αυλής του τυράννου.

ΣΧΟΛΙΑ ΣΤΗΝ ΕΙΚΟΝΟΓΡΑΦΗΣΗ

Αστεροσκοπείο [ΣΕΛ. 55]. Δίπλα στο τηλεσκόπιο η φράση: «Ωχ, όχι!». Στη βάση του σχεδίου η λέξη «Αστεροσκοπείο».

Βλάκας [ΣΕΛ. 59]. Στην κορυφή του σχεδίου, μέσα στη σημαία, γραμμένη η λέξη «Σημαία» και λίγο πιο κάτω η λέξη «Βλάκας». Στη βάση, το μωρό λέει: «Μη φοβάστε, ο μπαμπάς μου είναι!»

Αρχισυντάκτης [ΣΕΛ. 81]. Στην κορυφή, η Λέξη «Αρχισυντάκτης». Πάνω στο μπλουζάκι της φιγούρας, γραμμένη η φράση: «Επιμέλεια και... κατάρα».

Κούπιντ [ΣΕΛ. 97] Η έκφραση που δείχνει προς το τόξο του έρωτα είναι παραφθορά στίχου του ποιητή Ντύλαν Τόμας [Dylan Marlais Thomas, 1914-1953]. Ο αυθεντικός στίχος είναι: «Αντιστάσου στου φωτός τον τελειωμό» και η παρούσα παραφθορά του: «Αντιστάσου στου φωτός τον ερχομό».

Τριάδα [ΣΕΛ. 106]. Η αριστερή φιγούρα λέει: «Πες μου όταν είμαστε εδώ!» και η δεξιά: «Αν το λέει η Βίβλος μου φτάνει!». Η κεντρική φιγούρα λέει: «Όχι δα!»

Μελάνη [ΣΕΛ. 122]. Η φράση σημαίνει: «Συγνώμη, μπορώ να σας αρχίσω στις μαλακίες;»

Επανάσταση [ΣΕΛ. 129] Στην κορυφή, η λέξη «Θρησκεία». Λίγο πιο κάτω αριστερά η λέξη «Επανάσταση» και δεξιά η λέξη «Λογικό». Ακόμη πιο κάτω αριστερά η λέξη «Αρπάζω» και δεξιά η λέξη «Απελευθέρωση».

Νεότητα [ΣΕΛ. 154]. Στην κορυφή του σχεδίου κυριαρχεί η λέξη «Νεότητα». Κάτω αριστερά είναι γραμμένες οι φράσεις

«Τα νιάτα κρατούν για πάντα» και «Ψέματα».

Αγκαλιά [ΣΕΛ. 157]. Στην κορυφή, η λέξη που δείχνει προς το λαιμό της θηλυκής φιγούρας σημαίνει «Γέλιο». Στη βάση του σχεδίου, η λέξη «Αγκαλιά».

Πιάνο: [ΣΕΛ. 162] Στο πόδι του πιανίστα, η λέξη «Πανταλόνια» και δεξιότερα η λέξη «Πιάνο».

Πόλεμος: [ΣΕΛ. 186] Κυριαρχεί η λέξη «Πόλεμος». Στη μάντρα του εργοστασίου γραμμένη η φράση «Ειρηνικά έργα».

Δονκιχωτικός [ΣΕΛ. 189] Στην κορυφή του σχεδίου, η λέξη «Δινκιχωτικός». Κάτω αριστερά, η λέξη «Πένα».

Υποταγή [ΣΕΛ. 217]. Στο βάθρο, η λέξη «Δική μου».

Σκοτσέζικη Φούστα [ΣΕΛ. 222]. Η φράση στη βάση του τιμονιού σημαίνει: «Δεν είναι δίκαιο!»

Εξ [ΣΕΛ. 227] Το σχέδιο είναι γεμάτο με αγγλικές λέξεις που αρχίζουν από «Χ». Κάτω δεξιά, η φιγούρα φωνάζει: «Εσύ το ζωγράφισες αυτό;». Στην κορυφή, η λέξη «Φιγουρατζής».

Παλικαριά [ΣΕΛ. 231]. «Παλικαριά» λέει το πρώτο μπαλόνι και «Μπου!» το δεύτερο.

Παλιός [ΣΕΛ. 232]. Η φράση στη βάση του σχεδίου λέει: «Μερικά πράγματα που μπορείς να κάνεις όταν παλιώσεις».

ΕΠΙΜΕΤΡΟ

ΠΕΡΙ ΤΟΥ ΑΘΑΝΑΤΟΥ ΘΑΝΑΤΟΥ ΤΟΥ ΑΜΠΡΟΟΥΖ ΜΠΗΡΣ

Μια παγωμένη (μέχρι το κόκαλο) νύχτα του 1878, σε κάποιαν εξοχή του Ιλινόις, ο Τσαρλς Άσμορ, δεκάξι χρόνων αγόρι, βγήκε προσεκτικά από την πίσω πόρτα του σπιτιού του, κρατώντας ένα κανάτι και κατευθύνθηκε προς την κοντινότερη πηγή για να το γεμίσει. Άργησε όμως να γυρίσει κι οι δικοί του ανησύχησαν. Πήραν ένα φανάρι και βγήκαν να τον αναζητήσουν. Οι πατημασιές του αγοριού ήταν πεντακάθαρες στο φρέσκο χιόνι, κι έτσι αποφάσισαν να τις ακολουθήσουν. Προχώρησαν αρκετά, όταν ξαφνικά διαπίστωσαν πως τα ίχνη σταματούσαν απότομα. Το θέαμα τους παραξένεψε. Γύρω στην τελευταία πατημασιά δεν υπήρχε το παραμικρό σημάδι. Απλά ήταν η τελευταία! Άρχισαν να ψάχνουν ένα-γύρο αλλά το παιδί δεν ήταν πουθενά. Φτάνοντας στην πηγή, βρήκαν το κανάτι γεμάτο, με το νερό να έχει παγώσει στην επιφάνειά του. Κι όμως, ούτε ίχνος... ίχνους τριγύρω. ΄Εκτοτε, το παιδί δεν έδωσε σημάδια ζωής. ΄Η μάλλον έδωσε, αλλά ήταν πολύ παράξενα. Μετά από τέσσερις μέρες, η μητέρα του πήγε στην πηγή για νερό κι επέστρεψε, επιμένοντας πως όταν πέρασε από το σημείο που είχαν χαθεί τα ίχνη του γιου της, άκουσε τη φωνή του. Ερχόταν από μακριά, αλλά ήταν πεντακάθαρη. Παρόλα αυτά δεν μπορούσε να θυμηθεί τι της έλεγε. Ξανάρχισαν να ψάχνουν, χωρίς αποτέλεσμα. Το παράξενο φαινόμενο συνεχίστηκε μερικούς μήνες ακόμη. Κάθε τέσσερις πέντε μέρες ακουγόταν στο ίδιο σημείο η φωνή του παιδιού, αλλά σιγάσιγά άρχισε να αδυνατίζει, ώσπου εξαφανίστηκε τελείως.

Η ιστορία του Τσαρλς Άσμορ δεν είναι πραγματική. Αν ήταν, κανείς δεν θα την είχε πιστέψει, θα είχε ξεχαστεί γρήγορα, σαν ένα ακόμη αποκύημα της εξωφρενικής πραγματικότητας που ζούμε. Η ιστορία του Τσαρλς Άσμορ είναι αποτέλεσμα των αντικειμενικών και ακλόνητων νόμων της φαντασίας του Αμπρόουζ Μπηρς. Κι όμως, έχει πραγματική βάση. Οι άνθρωποι μπορούν να εξαφανίζονται ξαφνικά, χωρίς κανέναν ιδιαίτερο λόγο. Αυτό, μόνο η άστατη και άναρχη πραγματικότητα μπορεί να το κατορθώσει. Απόδειξη είναι το γεγονός πως ένας άνθρωπος σαν τον Μπηρς, που πέρασε μια ζωή λογικά φανταστική, είχε ένα θάνατο παράδοξα πραγματικό. Εξαφανίστηκε ξαφνικά και κανείς δεν μπόρεσε να μάθει τίποτε γι' αυτόν.

Ο άνθρωπος που χρησιμοποίησε τη «γυμνή», πραγματική αλήθεια και την απροκάλυπτη ειρωνεία, για να προσφέρει στους ανθρώπους εκείνο το είδος της φανταστικά ουσιαστικής γνώσης που φέρνει γέλια από απελπισία, κατάφερε να τους βυθίσει στο σκοτάδι και την απορία, με το θάνατό του. Ο Αμπρόουζ Μπηρς, παράτησε το σπίτι του στα 70 χρόνια του κι ενώ δήλωσε πως πετάγεται μέχρι το Μεξικό, ακόμη να γυρίσει. Η όλη υπόθεση άρχισε με κάποιες ασαφείς δηλώσεις του, για την πρόθεσή του να επισκεφθεί τη χώρα που σπαρασσόταν από εμφύλιο πόλεμο και ίσως-ίσως να συνδράμει τον επαναστάτη Πάντσο Βίγια [Pancho Villa / Doroteo Arango Armabula, 1877-1923]. Πριν ξεκινήσει, φρόντισε να ρυθμίσει ορισμένες προσωπικές υποθέσεις, όπως κάνει κανείς είτε όταν φεύγει για μεγάλο ταξίδι, είτε όταν ετοιμάζεται να φύγει από τη ζωή. Περιηγήθηκε προς στιγμήν τα παλιά πεδία των μαχών του Αμερικανικού Εμφυλίου, που είχε ποτίσει με το αίμα του, κι ύστερα έφυγε για το Μεξικό. Από τότε, σταμάτησε να επικοινωνεί με τους δικούς του. Η κόρη του Έλεν ανησύχησε, πανικοβλήθηκε και ζήτησε από την κυβέρνηση των Ηνωμένων Πολιτειών να την βοηθήσει να βρει τον πατέρα της. Η υπηρεσιακή έρευνα δεν απέδωσε. Ο Μπηρς είχε εξαφανιστεί για τα καλά. Τα πράγματα άρχισαν να παίρνουν περίεργη τροπή. Οι υποθέσεις και τα αντιφατικά σενάρια δεν άργησαν να εμφανιστούν. Αδιασταύρωτες πληροφορίες κατέφθαναν από παντού και συνδυάζονταν με τους πιο απίθανους τρόπους για να παράγουν εκδοχές, στις οποίες αναμειγνύονταν στοιχεία από τις φανταστικές ιστορίες του συγγραφέα. Άλλωστε, ο ίδιος συνήθιζε να αστειεύεται με το ενδεχόμενο μιας ανεξήγητης εξαφάνισής του, όπως οι ήρωες μερικών ιστοριών του. Κάποτε φάνηκε να επικρατούν δύο γραμμές φαντασιοσκοπικής έρευνας. Η μία ισχυριζόταν πως πήγε στο Μεξικό κι η άλλη πως δεν έκανε βήμα από τις Η.Π.Α. Η πρώτη έγινε αποδεκτή από τα πιο λογικά θύματα της αμερικανικής φαντασίας, και απέκτησε έναν κάποιο «κλασικό» χαρακτήρα. Παρόλο που οι λεπτομέρειες για τις συνθήκες του θανάτου του διαφέρουν σημαντικά, θεωρείται βέβαιο πως πέρασε στο Μεξικό και σκοτώθηκε σε κάποια από τις πολλές συγκρούσεις που τριγυρνούσαν εκεί κοντά. Ωστόσο, δεν απορρίφθηκαν ποτέ διαφορετικές εκδοχές, σύμφωνα με τις οποίες τον εκτέλεσαν οι επαναστάτες, οι κυβερνητικοί, ο ίδιος ο Πάντσο Βίγια ή οποιοσδήποτε άλλος είχε την ευκαιρία. Είναι γνωστό πως στις επαναστάσεις σκοτώνονται κάποιοι άνθρωποι, για να επιτρέψουν στους υπολοίπους να σκοτωθούν στην επόμενη επανάσταση. Μια από αυτές τις εκδοχές μάς πληροφορεί πως στο στρατόπεδο του Βίγια υπήρχε κάποιος γέρος Αμερικανός σύμβουλος που σάρκαζε συνεχώς τον ηγέτη. Η πληροφορία είναι εξαιρετικά σημαντική γιατί, αν την πιστέψουμε, θα πρέπει να δεχθούμε είτε πως ο Μπηρς είχε διαλέξει ένα μάλλον διασκεδαστικό – για τον Βίγια – τρόπο να αυτοκτονήσει, είτε πως είχε πάθει γεροντική άνοια. Παρόλα αυτά, έστω κι αν αρκετοί ισχυρίστηκαν πως τον είδαν – τον ίδιο ή τον τάφο του – το τελευταίο σημείο ζωής που έδωσε παραμένει ένα γράμμα, το οποίο τελείωνε με τη φράση «*Φεύγω από εδώ αύριο με άγνωστο προορισμό*». Ο άγνωστος προορισμός παραέγινε γνωστός τα επόμενα χρόνια. Πολλοί συγγραφείς ανέλαβαν να καταγράψουν τις απόψεις τους. Άλλος ισχυριζόταν πως ο

Μπηρς πήγε στο Μεξικό με σκοπό την παρακολούθηση Γερμανών και Ιαπώνων πρακτόρων, οι οποίοι σχεδίαζαν δολιοφθορές στο κανάλι του Παναμά – άρα ήταν καλός Αμερικανός. Άλλος βεβαίωνε πως αποστολή του ήταν η προστασία των αρχαιοτήτων των Μάγια – άρα ήταν ευσυνείδητος Αμερικανός. Τέλος, κάποιος αναφέρει πως είχε γίνει θεός σε μια φυλή πρωτογόνων του Αμαζονίου – άρα ήταν πραγματικός Αμερικανός. Κανείς όμως δεν ανέφερε πως τον είδε γυμνό πάνω σ' ένα δέντρο με μια μπανάνα στο χέρι κι έτσι δεν έγινε ποτέ γνωστό αν επρόκειτο για γνήσιο Αμερικανό. Η πιο αληθοφανής ιστορία μας λέει πως έφυγε για το Μεξικό κι εκεί έγινε μισθοφόρος. Οι επαναστάτες στο Μεξικό είχαν μεγάλη ανάγκη από μισθοφόρους εβδομήντα χρονών. Οι σχετικές πληροφορίες, αν και δεν διασταυρώθηκαν ποτέ, τον θέλουν να εκτελείται από τα κυβερνητικά στρατεύματα και να γελά ακόμη και μπροστά στο εκτελεστικό απόσπασμα. Προφανώς πρόκειται για παραμύθι ταιριαστό με το προφίλ του συγγραφέα Μπηρς. Οι περισσότερες από τις θεωρίες που ισχυρίζονται πως ο Μπηρς δεν πήγε στο Μεξικό είναι αρκετά εξεζητημένες. Μία όμως έχει κάπως τα λογικά της. Λέει πως ο Μπηρς ισχυριζόταν τα περί Μεξικού για να κρύψει την πραγματική του πρόθεση: την αυτοκτονία. Έκανε λοιπόν μια βόλτα στα παλιά σφαγεία του εμφυλίου κι ύστερα πήγε στο Γκραντ Κάνυον και αυτοπυροβολήθηκε. Η θεωρία αυτή είναι συνεπής προς την προσωπικότητα του Μπηρς και εξηγεί το γιατί ενώ το Μεξικό ήταν γεμάτο εκείνη την εποχή με Αμερικανούς δημοσιογράφους – ιδίως τα στρατεύματα του Βίγια – κανείς δεν τον αναγνώρισε. Δεν εξηγεί όμως τις τελευταίες επιστολές από το Μεξικό. Αν το σκεφτούμε λογικά, ο πανέξυπνος και εξαιρετικά συγκροτημένος αυτός ηθικολόγος – γιατί είναι περιττό να προσθέσουμε πως μόνο ένας ηθικολόγος διαθέτει τόση ειρωνεία και σαρκασμό – αντί να αυτοπυροβοληθεί αθόρυβα μια μέρα στο σπίτι του, αποφάσισε να σηκώσει στο πόδι όλη την Αμερική, με τον πιο κακόγουστο τρόπο. Ύστερα είναι και το τεχνικό μέρος. Ανεβαίνοντας σε έναν ψηλό βράχο του Γκραντ Κάνυον εξασφάλιζε σίγουρα το θάνατό του. Αν αστοχούσε θα μπορούσε να πέσει στο κενό κι αν δεν πέθαινε ακαριαία θα τον έτρωγαν τα τσακάλια. Έτσι, με αυτή την ερμηνεία μπορούμε να είμαστε σίγουροι πως ο Μπηρς ήταν εντελώς ανόητος, όπως κάθε σοβαρός Αμερικανός. Στην ίδια γραμμή – της μη επίσκεψης στο Μεξικό και της ανοησίας επίσης – κινείται η άποψη που θεωρεί πως ο Μπηρς δεν υπήρξε ποτέ, πως ήταν ένα πλαστό πρόσωπο των εκδοτών ή μια μαζική φαντασίωση σαν κι αυτή που είχαν οι Αμερικανοί, όταν μετά από πολλά χρόνια νόμιζαν πως θα «συντρίψουν» τους Βιετναμέζους. Εκτός αν δεν υπήρξαν κι αυτοί ποτέ, αλλά ήταν μια κατασκευή των Ρώσων. Η πιθανότερη εκδοχή, πως δηλαδή ο Μπηρς είχε πολύ σοβαρά προβλήματα υγείας και πως ποτέ δεν απομακρύνθηκε από το σπίτι του μέχρι το θάνατό του, δεν εξετάστηκε σοβαρά, γιατί ένας τόσο μικροαστικός θάνατος δεν ταίριαζε με τις προσδοκίες των μικροαστών Αμερικανών διανοουμένων, που επιθυμούσαν τα πάντα να είναι γεμάτα πάθος, εκτός από το επαγγελματικό χρέος τους. Από εκεί και πέρα, ενδέχεται οι εντελώς φανταστικές εκδοχές, που έκαναν τον Μπηρς ήρωα μυθιστορημάτων και κινηματογραφικών ταινιών, να είναι οι πιο καλοπροαίρετες. Τόσοι και τόσοι καλλιτέχνες του χάρισαν εξωφρενικούς, αλλά πιο ταιριαστούς στην ιδιοσυγκρασία του θανάτους.

Όμως η εξαφάνιση του Μπηρς είναι γεγονός και τα γεγονότα – όπως μας διδάσκει η ιστορία, όταν δεν έχει αναρρωτική άδεια, κανονική άδεια ή δεν απεργεί – έχουν πάντα μια λογική εξήγηση. Η περίπτωση της εξαφάνισης του Μπηρς δεν μπορεί να ξεφύγει από τον κανόνα: αφού εξαφανίστηκε, κάτι του συνέβη. Κι αφού κάτι του συνέβη, δεν μπορεί παρά να του συνέβη! Αυτή η αρχή, που με τόσο πνευματικό κόπο κατέκτησε μέσα στους αιώνες η επιστήμη της ιστορίας, μας υποχρεώνει να δεχθούμε το γεγονός πως ο Μπηρς πήγε στο Μεξικό και δεν κατάφερε να επιβιώσει. Δεν είναι η μοναδική περίπτωση δημοσιογράφου, που χάθηκαν τα ίχνη του, στην προσπάθειά του να καλύψει πολεμικά γεγονότα. Αυτό που κάνει περίεργη την περίπτωση Μπηρς είναι πως είχε ήδη εγκαταλείψει τη δημοσιογραφία και δεν ξεκαθάρισε απόλυτα τις προθέσεις του πριν ξεκινήσει..

Το βέβαιο είναι πως το 1913 παίρνει δυο σημαντικές αποφάσεις. Η μία είναι να επισκεφθεί πάλι τα παλιά πεδία μαχών τα οποία είχε ποτίσει με το αίμα του και η άλλη, να επισκεφθεί το Μεξικό, όπου είχε ξεσπάσει εμφύλιος, καθώς οι επαναστάτες αγρότες, με επικεφαλής τον Πάντσο Βίγια μάχονταν με τα στρατεύματα του δικτάτορα βικτοριάνο Ουέρτα [Victoriano Huerta, 1873-1913]. Ο Μπηρς είναι 70 χρόνων κι αν εξαιρέσουμε το άσθμα που τον ακινητοποιεί πότε-πότε κι ένα τραύμα στο κεφάλι από τον αμερικανικό εμφύλιο, που κάνει τη συμπεριφορά του αρκετά παράξενη, η κατάσταση της υγείας του είναι πολύ καλή. Χρήματα φαίνεται να έχει αρκετά και διάθεση να απομακρυνθεί από την οικογένειά του ακόμη περισσότερη. Κουβαλάει δυο νεκρούς γιους – έναν αυτόχειρα από ερωτική απογοήτευση κι έναν από υπερκατανάλωση αλκοόλ – καθώς κι έναν χωρισμό. Από την άλλη, τόσο η κόρη του όσο και πλήθος άλλοι συγγενείς, φίλοι, συνεργάτες, θαυμαστές, συμπεριλαμβανομένης της αφοσιωμένης γραμματέως του Κάρυ Κρίστιανσεν, τον φροντίζουν με μεγάλο ενδιαφέρον. Τη δημοσιογραφία την έχει εγκαταλείψει. ΄Εχει αφιερωθεί στο γράψιμο. Υπό αυτές τις αντιφατικές συνθήκες, ο λόγος ή οι λόγοι που τον οδήγησαν στο Μεξικό – και στα παλιά πεδία των μαχών - μπορεί να είναι πολλοί.

Το ενδεχόμενο να ετοίμαζε κάποιο βιβλίο για τον αμερικανικό εμφύλιο δεν μπορεί να απορριφθεί, ούτε και το ενδεχόμενο να ήθελε να μαζέψει υλικό για να γράψει για τα γεγονότα στο Μεξικό. Μια επιστολή (29 Μαΐου του 1913) στο φίλο του Γουώλτερ Νηλ, μας επιβάλει κατά κάποιον τρόπο να υποθέσουμε και λόγους πολιτικούς. «Αργότερα θα πάω στο Μεξικό, όπου – δόξα τω Θεώ – κάτι γίνεται και ίσως επηρεάσει όλη τη Νότια Αμερική, έναν τόπο που μου κλείνει ακόμη το μάτι», γράφει. Ο

Μπηρς ήταν ριζοσπάστης. Σιχαινόταν το αμερικανικό κακέκτυπο δημοκρατίας και τον αμερικανικό επεκτατισμό. Οι λόγοι αποχώρησής του από το δημοσιογραφικό όμιλο Χερστ δεν φαίνεται να είναι εντελώς απαλλαγμένοι από την πολιτική. Αν προσπεράσουμε το γεγονός πως σιχαινόταν προσωπικά το αφεντικό του, τον Γουίλλιαμ Χερστ [William Randolph Hearst, 1863-1951], αποδείχθηκε πως είχε συγκεντρώσει πολλά στοιχεία για τη δράση του πολιτικού και μεγιστάνα του τύπου στο Μεξικό. Ο Χερστ είχε μεγάλη περιουσία εκεί και πολλά συμφέροντα. Ο Μπηρς δεν δημοσίευσε τα στοιχεία, αλλά φεύγοντας για το Μεξικό, τα παρέδωσε σε έναν γνωστό του ιδιοκτήτη ξενοδοχείου στο Λαρέντο του Τέξας. Προφανώς, τα στοιχεία ήταν αντικείμενο αντιπαράθεσης. Προφανώς, ο Μπηρς είχε μπλέξει άσχημα με αυτή την υπόθεση. Φυσικά, απορρίπτεται το ενδεχόμενο να έπεσε θύμα εγκληματικής ενέργειας, από τον ίδιο τον Χέρστ ή άλλους επίσης εμπλεκόμενους, δεδομένου ό,τι τέτοιου είδους πρακτικές δεν συνηθίζονται στις Η.Π.Α. – αν εξαιρέσει κανείς βέβαια τη δολοφονία του προέδρου Λίνκολν [Abraham Lincoln, 1809-1865] από πράκτορες του Μάο Τσετούνγκ [Mao Tse-tung, 1893-1976] ή του Ιωσήφ Στάλιν [Joseph Vissarionovich, 1879-1953] (οι έρευνες συνεχίζονται ακόμη). Ένα κάποιο κλίμα απογοήτευσης – υπαρξιακού τύπου – καλλιεργήθηκε από τον ίδιο τον Μπηρς σε επιστολές του. Σε ένα γράμμα προς την ανεψιά του Λώρα, λέει: «Αν ακούσεις πως με στήσανε σε κάποιο μεξικανικό μαντρότοιχο και με γέμισαν σφαίρες, θέλω να ξέρεις πως είναι πολύ ωραίος τρόπος για να φύγω από τη ζωή. Με απαλλάσσει από τα γερατειά, την αρρώστια ή το πέσιμο από τις σκάλες του υπογείου. Το να είσαι ένας Γκρίνγκο στο Μεξικό – αυτό είναι ευθανασία!» Λίγο πριν περάσει τα σύνορα με το Μεξικό, έδωσε συνέντευξη σε κάποιον δημοσιογράφο, στη Νέα Ορλεάνη. Εξομολογούμενος τη συναισθηματική του κατάσταση είπε πως, μετά τον εμφύλιο δεν είχε καταφέρει τίποτε σημαντικό στη ζωή του. «Πηγαίνω στο Μεξικό, γιατί μου αρέσει το παιχνίδι. Μου αρέσει να μάχομαι. Θέλω να το δω πάλι» συμπλήρωσε. Το Δεκέμβρη της ίδιας χρονιάς, γράφει στην κόρη του πως φεύγει για το Μεξικό «με έναν ωραίο, αν και προς στιγμή κρυφό σκοπό».

Όπως και να έχει, οποιοσδήποτε άνθρωπος ξεκινούσε ένα ταξίδι στην κόλαση με τέτοιες προϋποθέσεις, θα ήταν μάλλον αδύνατο να επιστρέψει. Ακόμη κι αν κατάφερνε να γλιτώσει το θάνατο στο πεδίο μάχης, όλο και κάποιος θα τον συναντούσε στο δρόμο της επιστροφής και θα θυμόταν πως αυτός ο καταραμένος διανοούμενος που σαρκάζει τα πάντα, έπρεπε να είχε τιμωρηθεί από καιρό. Αλλά επειδή στην πατρίδα του ο μόνος λόγος για να εξαφανιστεί κάποιος είναι να το αποφασίσουν μόνος του, η υπόθεση καλύπτεται ακόμη και σήμερα με πυκνό μυστήριο. Η μόνη ελπίδα διαλεύκανσης είναι να έχει δαγκωθεί από βρικόλακες – όπως ισχυρίστηκαν κάποιοι ειδικοί ερευνητές – και να ζει ακόμη. Ίσως κάποτε αποφασίσει να μιλήσει στις εφημερίδες, όπως τόσοι άλλοι βρικόλακες. Μέχρι τότε όλοι όσοι δαγκώθηκαν από βρικόλακα, θα πρέπει να είναι έτοιμοι για το ένδοξο ενδεχόμενο να τους δάγκωσε ο Αμπρόους Μπηρς!

ΑΥΤΟ ΕΙΝΑΙ ΕΥΘΑΝΑΣΙΑ!
[ΜΙΑ ΕΞΑΙΡΕΤΙΚΑ ΣΗΜΑΝΤΙΚΗ ΕΠΙΣΤΟΛΗ ΤΟΥ ΜΠΗΡΣ]

Ο Μπηρς πριν φύγει, για το μακρύ ταξίδι από το οποίο δεν επέστρεψε ποτέ, έστειλε στην ανεψιά του Λώρα το παρακάτω γράμμα.

Αγαπητή Λώρα,

Αύριο φεύγω για πολύ μακριά και θα λείψω πολύ καιρό. Αρκεί ένα αντίο, λοιπόν. Νομίζω πως τίποτε δεν αξίζει περισσότερο. Φυσικά περιμένεις ένα κάπως μεγαλύτερο γράμμα, και καλά κάνεις. Ο κόσμος θα ήταν εντελώς ανυπόφορος αν λέγαμε πάντα μόνο αυτό που αξίζει, κι αν δεν κάναμε ανοησίες, όπως να φεύγουμε για το Μεξικό και τη Νότια Αμερική.

Ελπίζω να βρεθείτε σύντομα στο μεταλλείο. Φαντάζομαι πως θα λιμοκτονείς για βουνά – το ίδιο κι ο Καρλτ*. Εγώ σίγουρα. Ο πολιτισμός κάνει πολλή φασαρία! Τα βουνά κι η έρημος μου ταιριάζουν καλύτερα.

Αντίο. Αν ακούσεις πως με στήσανε σε κάποιο μεξικανικό μαντρότοιχο και με γέμισαν σφαίρες, θέλω να ξέρεις πως το θεωρώ έναν εξαιρετικό τρόπο για να φύγει κανείς από τη ζωή. Βάζει κάτω τα γερατειά, την αρρώστια, το πέσιμο από τις σκάλες του υπογείου.

Όμως να είσαι ένας Γκρίνγκο στο Μεξικό... Ε, αυτό είναι ευθανασία της προκοπής!

Την αγάπη μου στον Καρλτ, στοργικά δικός σας,

Αμπρόουζ

Η Λώρα έλαβε άλλο ένα σύντομο γράμμα από τον Μπηρς, στις 6 Νοεμβρίου της ίδιας χρονιάς. Την πληροφορούσε πως βρισκόταν στο Λαρέντο του Τέξας και τελείωνε με τα λόγια: «Δεν θα μείνω εδώ για πολύ, ώστε να πάρω νέα σου και δεν ξέρω πού θα βρίσκομαι αργότερα. Υποθέτω πως δεν έχει σημασία. Αντιός, Αμπρόουζ».

Έκτοτε δεν ξανάκουσε τίποτε γι' αυτόν.

*Ο Κάρλτ είναι ο άντρας της Λώρα.

ΒΙΒΛΙΟΓΡΑΦΙΑ

ΕΡΓΑ

Nuggets and Dust, Chatto and Windus, London: 1872.

The Fiend's Delight, John Camden Hotten, London: 1873.

Cobwebs from an Empty Skull, Routledge, London: 1874.

The Dance of Death, Henry Keller and Company, San Francisco: 1877.

Black Beetles In Amber, Western Authors Publishing, San Francisco: 1892.

The Monk and the Hangman's Daughter, F.J. Schulte, Chicago: 1892.

Tales of Soldiers and Civilians, E.L.G. Steele, San Francisco: 1892.

Can Such Things Be?, Cassell Publishing Company, New York: 1893.

Fantastic Fables, G.P. Putnam's Sons, New York: 1899.

Shapes of Clay, W.E. Wood, San Francisco: 1903.

The Cynic's Word Book, Doubleday, New York: 1906.

The Shadow on the Dial and Other Essays, A.M. Robertson, San Francisco: 1909.

Write It Right, Neale Publishing Company, New York: 1909.

The Collected Works of Ambrose Bierce 12 Volumes, Neale, New York: 1909-1912.

ΒΙΟΓΡΑΦΙΕΣ

Busch, Niven. California Street, Simon And Schuster, New York: 1959.

Fuentes, Carlos. Gringo viejo, Fondo de Cultura Econbomica, Mexico: 1985.

Hall, Oakley. Ambrose Bierce and The Queen of Spades, University of California Press, Berkeley: 1998.

Hampton, Bo. Lost Planet [Six Issues], Eclipse Comics, Forestville: 1987.

ΤΟ ΒΙΒΛΙΟ ΤΟΥ ΑΜΠΡΟΟΥΖ ΜΠΗΡΣ
ΤΟ ΑΛΦΑΒΗΤΑΡΙ ΤΟΥ ΔΙΑΒΟΛΟΥ
ΣΕ ΜΕΤΑΦΡΑΣΗ / ΦΙΛΟΛΟΓΙΚΗ ΕΠΙΜΕΛΕΙΑ
ΤΟΥ ΓΙΩΡΓΟΥ ΜΠΛΑΝΑ
ΤΥΠΩΘΗΚΕ ΤΟΝ ΣΕΠΤΕΜΒΡΙΟ ΤΟΥ 2004
ΣΕ ΧΑΡΤΙ ΓΡΑΦΗΣ 100 ΓΡΑΜΜ.
ΣΤΟ ΤΥΠΟΓΡΑΦΕΙΟ - ΒΙΒΛΙΟΔΕΤΕΙΟ
Χ. ΖΑΧΑΡΟΠΟΥΛΟΣ Δ. ΣΙΤΑΡΑΣ & ΣΙΑ Α.Ε.Ε.
Ο ΚΑΛΛΙΤΕΧΝΙΚΟΣ ΣΧΕΔΙΑΣΜΟΣ ΚΑΙ
Η ΗΛΕΚΤΡΟΝΙΚΗ ΣΕΛΙΔΟΠΟΙΗΣΗ ΕΓΙΝΑΝ
ΑΠΟ ΤΟ DTP ΤΩΝ ΕΚΔΟΣΕΩΝ ΗΛΕΚΤΡΑ.
ΤΑ ΦΙΛΜ ΚΑΙ ΤΟ ΜΟΝΤΑΖ
ΕΓΙΝΑΝ ΑΠΟ ΤΟΝ Π. ΚΟΝΤΟΜΗΝΑ

εκδόσεις ΗΛΕΚΤΡΑ